Don't Leave Money
on the Table

돈을 남겨둔 채 떠나지 말라

: 후회 없는 협상을 위한 10가지 원칙

2017년 3월 2일 초판1쇄 발행

지은이 조남신
펴낸이 권정희
펴낸곳 ㈜북스톤
주소 서울특별시 강남구 언주로108길 21-7, 3층
대표전화 02-6463-7000
팩스 02-6499-1706
이메일 info@book-stone.co.kr
출판등록 2015년 1월 2일 제 2016-000344호
ⓒ 조남신
(저작권자와 맺은 특약에 따라 검인을 생략합니다)

ISBN 979-11-87289-15-9 (03320)

북스톤은 세상에 오래 남는 책을 만들고자 합니다. 이에 동참을 원하는 독자 여러분의 아이디어와 원고를 기다리고 있습니다. 책으로 엮기를 원하는 기획이나 원고가 있으신 분은 연락처와 함께 이메일 info@book-stone.co.kr로 보내주세요. 돌에 새기듯, 오래 남는 지혜를 전하는 데 힘쓰겠습니다.

돈을 남겨둔 채 떠나지 말라

후회 없는 협상을 위한 10가지 원칙

| 조남신 지음 |

넉스톤

타고난 협상가는 존재하는가

　　기업경영에서 협상의 필요성은 어느 때보다 커지고 있다. 세계 각국의 거래처 및 파트너와 협상할 사안은 점점 많아지고 있다. 또한 대량생산 시대를 지나 이제는 지식과 정보를 체화해 고객 맞춤형으로 제품과 서비스를 제공해야 한다. 똑같은 제품을 대량으로 만들어 정해진 가격에 판매할 때에는 협상의 필요성이 그리 크지 않았다. 그러나 오늘날의 지식상품은 제품과 서비스를 어떻게 구성하고 어떤 가격과 조건에 제공할지 하나하나 고객과 상담하고 협상해야 한다. 예컨대 컨설턴트들은 컨설팅 범위, 투입인력, 완료시기, 가격 등을 사전에 협의하지 않고는 일을 시작하지 않는다. 자동차 같은 기존 산업들도 고객에 따라 하드웨어와 첨단 소프트웨어가 맞춤형으로 조합된 지식상품으로 진화하고 있다.

　　외부와의 협상만이 아니다. 제품과 비즈니스 환경이 변화하면 기업 조직도 달라진다. 조직 안팎에서 전문가들과 수시로 협업해야 하고, 그때마다 일일이 업무에 관해 협의해야 한다. 과거에는 회사와 노동조합 대표단이 만나 단체협약을 체결하면 끝이었다. 그러나 전문가들이 모여 프로젝트 팀을 구성하는 오늘

날에는 개개인의 전문지식, 경험, 역량 등에 따라 업무 범위, 질과 양, 보상방법이 달라진다. 이 모든 사안에 협상이 필요함은 물론이다.

그렇다면 기업의 협상력은 얼마나 향상되고 있을까? 실전에 임했을 때 적절한 전략과 방법을 구사하고 있을까?

일전에 만난 어느 경영자는 풍부한 경력만큼이나 협상 경험도 많았다. 그는 자신의 협상능력이 뛰어나다고 믿고 있었는데, 여기에는 자신의 타고난 협상능력도 한몫했다고 생각했다. 다부진 체격과 호감을 주는 외모에, 목소리는 나지막하고 부드러우면서도 힘이 있다. 술도 제법 마실 줄 안다. 그는 이처럼 타고난 기질을 십분 활용해 협상상대를 만나면 분위기를 맞추면서도 은근히 기싸움을 하며 기선을 제압하려 한다. 그는 상대의 수법에 말려들지 않도록 긴장을 늦추지 않는 것, 때로는 파격적인 조건을 제시해 상대의 호감을 얻는 동시에 분위기를 압도하는 것, 즉 상대가 따라올 수밖에 없도록 만드는 것이 협상의 왕도라고 굳게 믿고 있다.

당신은 어떻게 생각하는가? 위의 경영자처럼, 협상은 타고난 능력에 좌우된다고 생각하는가?

나는 이 책에서 기업 경영자들이 가장 많이 빠지는 협상에 관한 오류를 살펴볼 것이다. 그러나 이들 오해를 다루기에 앞서 가장 먼저 해결해야 할 오해가 있다. 협상력은 타고나는 것이라는 오해다. 앞에서 말한 경영자의 자신감이야말로 큰 오해라는 것이다.

타고난 카리스마와 축적된 경험이 협상에 얼마나 영향을 미치는지에 대해서는 아직 학문적으로 검증된 바 없다. 어쩌면 오히려 나쁜 영향을 미쳤을지도 모를 일이다. 다른 태도나 전략을 구사하면 더 나은 결과를 얻을 수 있는데 혼자 착각하며 잘못된 전략을 고수해왔다면 큰일 아닌가.[1] 그런데 많은 경영자들이 이러한 오해를 하고, 잘못된 전략을 고집한다.

학창시절에 그 어려운 수학공부에 매진했던 이유는 간단하다. 수학을 잘하기 위해서였다. 아무리 타고난 지능이 있어도 배우고 노력하지 않으면 공부를 잘할 수 없다는 것을 우리는 누구나 안다. 또한 기업에서 회계를 제대로 하려면 당연히 전문적으로 배워야 한다고 생각한다. 운동선수들은 좋은 성과를 내기 위해 체계적인 훈련과 코칭을 받고 수많은 시간을 연습에 쏟는다. 헬스를 시작할 때면 트레이너의 지도를 받고, 골프를 칠 때에도 누구나 기본적인 자세와 스윙에 대해 레슨을 받는다. 나아가 프로가 된 후에도 골프 선수들은 연습과 교정을 부단히 반복한다. 그런데 어찌된 일인지 협상은 특별히 배우지 않아도 타고난 카리스마와 경험만으로 잘할 수 있다고 오해하고 있다. 정말로 그렇게 생각하는지 궁금해 한국의 경영자 100인에게 질문했더니 66%가 '그렇다'고 대답했다.

원원으로 이끄는 10가지 질문

이처럼 우리는 매 순간 협상이 요구되는 일상을 살면서도 정작 협상을 배워야 한다는 생각조차 잘 하지 않고 있다. 당신이 협상에 대해 얼마나 잘 알고 있는지 한번 점검해보자. 협상에 대한 다음의 10가지 명제에 동의하는지 여부를 O, X로 답해보기 바란다.

1. 협상은 결국 어느 쪽이 이기는가 하는 싸움이다.
2. 상대방과 우리가 서로 윈윈하고자 하는 마음만 있다면 협상은 순조로이 타결될 수 있다.
3. 협상에서 좋은 결과를 얻으려면 강한 자세로 기선을 제압해야 한다.
4. 협상에서 우리가 진정으로 얻고자 하는 것을 상대방에게 알리면 불리해진다.
5. 기업의 협상력은 회사의 규모나 자금력 같은 힘에서 나온다.
6. 원하는 만큼만 요구하여 그대로 타결하는 것이 가장 효과적인 협상이다.
7. 서로 적당히 양보해야 좋은 결과를 얻을 수 있다.
8. 양측이 원하는 바가 다르면 협상이 타결되기 힘들다.
9. 쉬운 문제부터 차례대로 타결해 나가는 것이 효과적이다.
10. 필요하다면 사실과 다르게 말하는 것이 결과가 좋을 때도 있다.

당신은 몇 항목에 동의하는가? 5개 이상이라면 당신은 우리나라 대다수 경영자들과 마찬가지로 협상에 대해 많은 오해를 하고 있다는 의미다. 아마 짐작했겠지만 이 10가지 명제는 모두 맞지 않지만 맞다고 오해하기 쉬운 것들이다. 참고로 내가 조사해본 결과 우리나라 경영자들은 평균 6.3개에 동의했다. 만약 3~4개 항목에 동의했다면 협상에 관해 충분히 알고 있는 셈이다. 그러나 좀 더 깊이 생각해볼 기회를 가진다면 몇 가지 오해도 줄일 수 있을 것이다. 동의한 항목이 2개 이하라면 이 책을 여기서 덮어도 좋다. 어쩌면 당신은 협상 전문가이거나 협상을 가르치는 사람인지도 모른다. 그러나 당신의 의견과 나의 의견을 비교하고 확인해보는 것도 흥미로울 것이다.

미국의 경영대학 및 경영대학원에서는 예외 없이 협상론 과목을 개설하여 협상을 가르친다.[2] 이들 강의는 반드시 들어야 하는 중요하고도 인기 있는 과목으로 인식되고 있다. 협상능력은 수학이나 회계와 마찬가지로 학습을 통해 길러진다. 또한 운동선수의 성과처럼 부단한 연습을 통해 향상될 수 있다. 나아가 집단학습을 통해 자신의 협상방법이 효과적인지 사람들과 비교하고 피드백을 받아 개선하는 기회를 갖는 것이 중요하다. 협상상대는 어떠한 특징을 갖고 있는지, 내가 협상을 통해 진정 얻고자 하는 것은 무엇인지, 상대방은 무엇을 얻고자 하는지, 상대방이 가지고 있는 대안은 무엇인지 등을 검토하고 미리 준비함으로써 자신의 협상역량을 향상시킬 수 있다.

2000년대 초반 나는 동료 교수들과 함께 지식벤처 기업을 설립하고 수년간 CEO로 경영활동을 했다. 이미 10여 년간 대학에서 경영과 인간관계를 가르쳤지만 이론을 실제 경영에 적용하는 것은 매우 어려운 과제였다. 창업멤버인 교수들 간의 의견을 조율하고, 직원들의 임금인상에 대해 협의하고, 고객과 서비스 조건을 정하는 모든 과정이 협상이었다. 일례로 우리는 주로 인사조직 전공 교수들로 이루어졌던 터라 마케팅과 세일즈 역량이 부족해서, 지식 콘텐츠 판매를 전문으로 하는 기업과 전략적 제휴를 위해 협상을 하게 되었다. 협상학회 일원인 나는 윈윈을 추구해야 한다는 것을 잘 알고 있었다. 그러나 실제로는 상대방을 탐색하고 서로의 의도를 의심하며 밀고 당기기를 하고 있었다. 머리로 알고 있었고 의지도 있었으나 실행하지 못한 것이다.

　그 후 대학교에서 기획조정처장 직을 맡아 단과대학 간에 조정자 역할을 하고, 노조와의 임금협상 테이블에 학교측 대표로 참여하기도 하고, 기숙사 건축을 위해 이사회를 설득하면서 윈윈 협상이 실제로는 너무 어렵다는 것을 뼛속 깊이 깨달았다. 본격적으로 협상에 대해 공부하고 정리할 필요를 느꼈다. 그래서 2006년 연구년을 시카고 근교의 노스웨스턴 대학에서 지내면서 협상에 관한 모든 강의와 세미나에 참석했다. 노스웨스턴 대학교의 켈로그 경영대학원과 분쟁해결연구소DRRC는 협상 연구와 강의에서 하버드 대학과 쌍벽을 이루는 곳이다. 하버드 대학에서 협상 관련 중요 역할을 담당해온 맥스 베이저만Max

Bazerman을 비롯한 상당수 교수들이 노스웨스턴 대학에서 스카우트되어 갔다.

50대 아저씨가 30대 미국인 대학원생들과 강의실에서 모의협상을 하면서 재미도 있었지만 당황한 적도 많았다. 한 번은 상대 학생의 몫을 다 빼앗아온 적이 있었다. 결과를 다른 학생들과 비교했을 때 나는 매우 당황했다. 윈윈 협상에 대해 잘 알고 있으면서도 막상 협상 테이블에 앉았을 때 나도 모르게 이기고 지는 윈루즈win-lose 게임을 하고 있었던 것이다. 그때의 경험을 되새기며 2007년 귀국해 학과에 협상론을 개설하고 10여 년간 가르치고 있다. 이 책에서는 내가 20년 가까이 협상을 연구하고 10여 년간 협상을 가르치며, 또한 현장에서 실제 협상을 하거나 중요한 협상에 관찰자로 참여하면서 왜 윈윈 협상이 어려운지, 어떻게 하면 가능한지에 대해 생각한 것들을 정리했다.

성공 경험이 실패의 원인이라는 말이 있다. 우리가 알고 있는 상식이나 경험은 대부분 유용하게 쓰이지만 때로는 그 때문에 실패하기도 한다. 윈윈 협상을 이끌어내지 못하는 이유도 다르지 않을 것이다. 이 책에서 우리는 협상에 대해 상식적으로나 경험적으로 잘 알고 있다고 생각하는 것들을 하나하나 살펴볼 것이다. 앞의 10가지 질문은 협상에서 가장 중요한 윈윈을 끌어내기 위한 핵심주제들이다. 이 책은 이 10가지 생각들을 기반으로 협상에 대한 인식, 전략, 방법에 대한 오류를 바로잡는 내용으로 구성돼 있다. 윈윈 협상이 잘 이루어지지 않는 첫 번째 이유는 협상 참여자가 협상의 본질에 대해 잘못 인식하고 있기 때문이다. 협상이란 무엇이며 무엇을 하고자 하는 것인지 다시 한 번 생각하고 정리할 필요가 있다. 둘째는 협상에 임할 때 취하는 큰 전략에 오류가 있어서다. 협상의 방향과 목표를 정하고 실제 협상을 어떻게 이끌어갈지에 대해 생각하고 정리할 필요가 있다. 셋째, 윈윈 협상의 목적에 대해 제대로 인식하고 훌륭한 전략과 목표를 설정했더라도 협상 테이블에서 구체적인 방법을 모르거나 잘못 알고 있어서 바람직한 결과를 이끌어내지 못하는 경우가 많다. 이러한 오류들은 양측이 협상을 통해 키울 수 있었던 파이의 크기를 줄이고, 결과적으로 우리가 가져갈 수 있었던 최대한의 가치를 가져가지 못하도록 방해한다. 그 상태로 협상을 종료한다면, 이는 협상 테이블에 돈을 흘려둔 채 일어서는 것이나 마찬가지다. 실제로 협상가들은 이를 일컬어 '협상 테이블에 돈 남겨두기leaving money on the table' 라 부른다.3)

나는 이 책에서 협상 테이블에 돈을 남겨둔 채 떠나는 우를 범하지 않도록, 협상이 끝난 뒤 때늦은 후회를 하지 않도록, 윈윈 협상의 기본적인 개념부터 협상을 준비하는 과정에서 알아야 할 것들, 그리고 실전 협상에서 활용할 수 있는 실제적인 문제까지 다루었다.

협상 테이블에서는 당사자 간의 교감이 중요하다고 많이들 말한다. 그러나 실전에서는 그 이상이 필요하다. 협상 대표 간에 마음이 통하는 것은 기본이고 협상결과가 그들에게 미칠 영향을 이해함과 동시에 기업 간 원윈의 구조를 만들어내야 한다. 오너와 오너가 직접 협상하는 것이 아니라면 협상 대표는 위임을 받은 것이므로 아무리 서로 마음이 맞았다 하더라도 자사에 이익을 가져다줄 수 없으면 협상이 진전될 수 없다. 이 책은 이와 같은 윈윈이 가능한 협상구조를 어떻게 만들어낼 것인가에 초점을 맞추어 10가지 주제로 나누어 하나하나 풀어나간다.

　우리는 누구나 알게 모르게 자주 '협상'을 하고 있다. 특히 요즘처럼 기업 간의 경계가 모호해질수록 협상에 임할 기회는 점점 많아진다. 높은 직급의 사람이나 경영자만의 임무도 아니다. 거창한 협상이 아니어도 매 순간 작은 협상은 끊임없이 일어난다. 가장 가까운 가족과도 협상을 하지 않는가? 휴가를 어디로 갈지, 저녁은 무엇을 먹을지 함께 이야기한다면 이미 협상을 하고 있는 것이다. 하기 싫어하는 자녀에게 어떻게 공부를 시킬 수 있을지를 두고 실랑이하는 부모 역시 좋든 싫든 협상을 하고 있는 것이다. 물론 그중에서도 가장 어려운 협상 대상은 배우자임에 틀림없다. 협상을 연구하고 가르치고 책도 쓰지만 배우자와의 협상은 항상 의도했던 방향으로 가지 않는다. 이상한 일이다.
　이처럼 매일 벌어지는 협상에서 당신은 어떤 성과를 거두고 있는가? 별다른 생각이나 준비 없이 협상 테이블에 앉았다가 당황한 적은 없는가? 협상은 나와 상관없는 일인 줄 알았는데, 생각보다 자주 협상에 나서고 있지는 않은가? 마음만 통하면 만사

형통이라고 생각했다가 당황한 적은 없는가? 혹은 최대한 양보했는데도 상대방이 계속 무리한 요구를 해와서 난감했던 적은 없었는가?

협상이 필요할 때 당황하지 않고 자신이 원하는 바를 얻어내려면 평소에 협상을 제대로 이해하고 준비해두어야 한다. 공들여 준비한 제품이나 프로젝트가 협상에서 삐끗하는 바람에 망가지기도 한다. 그렇지 않더라도 상대와 내가 원하는 것을 모두 충족시킨다는 관점에서 협상은 비즈니스의 핵심이라 해도 과언이 아니다. 협상역량이란 자신이 원하는 성과를 얻어내는 동시에 상대와 파트너십을 맺는 능력이다. 이 책이 지금도 협상 테이블에서 곤란해하는 많은 실무자들에게, 그리고 협상을 체계적으로 이해하고 전략을 세우려는 리더들에게 도움이 되기를 진심으로 바란다.

CONTENTS

PART 2 전략의 오류를 범하지 말라

PART 1
인식의 오류에서 벗어나라

CHAPTER 1

이기는 것인가,
얻는 것인가

"협상은 결국
상대방과 우리 중
누가 이기는가 하는
싸움이다."

당신은 이에 동의하는가?

한국의 경영자 100인에게 물었더니
24%가 "그렇다"고 대답했다 [4]

回

A기업의 김 사장은 협상에서 무조건 이겨야 한다고 생각한다. 원료를 구매할 때에는 조금이라도 낮은 가격으로 계약을 성사시켜야 하고, 제품을 판매할 때에는 최고의 가격을 받아야 한다. 내가 판매가격을 할인해주면 그만큼 상대방은 이익이고 나는 손해 아닌가. 이기지 않으면 진다는 믿음으로, 모든 방법을 동원해 어떻게든 이기려고 한다. 상대방을 압박하기도 하고, 허풍을 치기도 하고, 필요할 경우 가벼운 거짓말도 한다. 그는 자신의 협상능력에 꽤 만족하고 있다. 많이 이겼으니까.

A기업의 대표상품은 가정용 허리 및 복근강화 운동기구다. 주로 대형마트의 운동용품 코너를 통해 판매된다. 따라서 김 사장은 대형마트의 구매담당자와 자주 상담을 한다. 이 제품은 원가가 20만 원이고 대당 30만 원에 소비자에게 판매하므로 총 마진은 10만 원이다. 만일 25만 원에 납품하면 총 10만 원의 이익을 A기업과 대형마트가 5만 원씩 나누어 가지게 된다. 그러나 대형마트의 협상력에 밀려 23만 원에 계약을 체결한다면 김 사장이 기대했던 이익은 5만 원에서 3만 원으로 줄어들고, 그만큼 대형마트가 이익을 더 보게 된다. 따라서 김 사장은 조금이라도 가격

을 더 받으려고 노력하고, 그것이 협상에서 승리하는 것이라고 생각하고 있다.

과연 협상은 상대방과 나 중에서 한쪽이 이기고 다른 쪽은 지는 싸움인가?

물론 이기고 지는 것이 명백하게 정해지는 협상도 있다. 예를 들어 외국 여행 중에 처음 가보는 기념품 가게에서 마음에 드는 물건을 하나 골랐다고 가정해보자. 이 가게에서 내가 관심 있는 물건은 오로지 이것 하나다. 그리고 여행객인 내가 이 가게에 다시 올 가능성은 거의 없다. 그렇다면 이 물건을 놓고 가격을 흥정하는 외에 다른 협상거리가 없다. 이러한 경우에는 김 사장의 생각처럼 물건 값을 깎는 만큼 나는 돈을 절약하는 것이며, 상점 주인은 깎아주는 만큼 자신이 받을 수 있었던 돈을 포기하는 것이다. 즉 한쪽이 이익을 보는 만큼 다른 한쪽은 손해다.

집을 사고 팔 때에도 비슷한 상황이 벌어진다. 전문 투자자가 아닌 다음에야 집을 자주 사고 팔지는 않는다. 같은 사람과 두세 번씩 거래하는 경우도 거의 없다. 개인끼리 중고차를 사고 파는 경우도 비슷하다. 이처럼 '단 한 번', 그리고 가격 등 '단일한 조건'을 놓고 협상하는 경우에는 정해진 가치를 놓고 누가 더 많이 가지는가 하는 의미에서 이기고 지는 협상을 하게 된다. 이러한 협상을 '분배적 협상distributive negotiations'이라 한다. 자신의 몫을 최대화하고자 요구하는, 파이를 나누는 경쟁적 협상이다.

분배적 협상에서도 통합적 협상을 하라

──────────────────── 우리가 하는 협상은 어떤 유형인가? 다시 안 볼 사람과 하는 협상은 얼마나 많은가?

실상 우리가 진행하는 협상, 특히 기업에서 이루어지는 협상은 대부분 반복적이다. 정해진 거래처 혹은 몇몇 후보군과 반복적으로 하는 협상이 태반이다. 협상조건도 한 가지가 아니다. 가격뿐 아니라 품질, 수량, 제품인도시기, 대금지급방법, AS 조건 등 수많은 사안을 놓고 협상한다. 이때는 가격을 약간 양보하더라도 장기적인 거래관계를 다지는 편이 나에게 유리할 수 있다. 또한 품질에 더 신경 쓰는 대신 무상 AS 기간을 줄일 수도 있다.

첨예하게 대립하는 노사협상조차 궁극적인 목적은 타결된 사항을 바탕으로 고객에게 더 좋은 제품과 서비스를 제공하여 이익을 창출하는 것이다. 상대방의 이익을 뺏어오는 것은 결코 목적이 아니다. 더욱이 기업 간 공동 제품개발이나 공동마케팅을 위한 전략적 제휴방안을 놓고 협상할 때에는 쌍방이 힘을 합쳐 파이를 키워야 한다. 그래야 모두 윈윈할 수 있다. 협상가들은 이를 '통합적 협상integrative negotiations'이라 부른다.[5] 공동의 가치를 창출하고 파이를 키우기 위한 협력적 협상이다.

김 사장의 생각은 전형적인 분배적 관점이다. 그러나 비즈니스 협상 중 분배적 협상은 극히 일부에 불과하다. 일견 분배적 협상처럼 보이는 경우에도 대부분 통합적 협상으로 만들 여지는 있다. 가격만 놓고 계약 여부를 결정할 것이 아니라, 가격을 할인하는 대신 판매물량을 늘릴 수 있다. 또한 서로에게 유리한 AS 조건을 제시할 수도 있으며, 추가적인 제품 거래를 제안할 수도 있고, 나아가 단골거래를 트기 위한 여지를 남겨둘 수도 있다. 소규모 납품업체라면 납품가를 조금 할인하는 한이 있어도 결제기간을 줄여 현금을 돌리는 것이 더 나을 수도 있다.

그럼에도 김 사장은 결국 자신의 뜻대로 이익을 추구하는 분배적 협상을 한다. 이 협상이 장기적으로 김 사장에게 어떤 영향을 미치게 될까?

협상에는 항상 상대방이 있다. 상대방도 협상에서 최상의 결과를 얻고자 하는 것은 정해진 이치다. 내가 이기면 상대방은 지게 된다. 협상에서 진 상대방은 다음 협상에서 김 사장을 다시 만나면 이번에는 결코 지지 않고, 오히려 지난번 손해도 보상받겠다고 단단히 벼를 것이다. 복수를 노리는 것이다. 설령 협상장에서 맞닥뜨리지는 않더라도 주변에 김 사장에 관한 (당연히 좋지 않은) 이야기를 하고 다닐지 모른다. 기업사회에서 평판은 가장 중요한 자산이다.

앞에서 예로 든 여행지의 기념품 가게에서도 다른 물건을 추가로 구매하거나 일행을 데리고 와서 구매를 알선해준다면 이를 매개로 추가 혜택을 받을 수 있을지 모른다. 이처럼 어떤 협상이든 이기고 지는 협상으로 만들지 말고 양자가 다 같이 이기는 윈윈 협상을 만들어가는 것이 중요하다. 똑같은 상황이라도 협상당사자가 상황을 어떻게 인식하고 상호작용하느냐에 따라 협상의 성격이 만들어지고, 결과도 전혀 달라진다.

　분배적 협상을 통합적 협상으로 전환하려면 가격만으로 협상하는 것과 같이 단일한 의제에 머물지 말고 의제를 늘려 서로 조건을 주고받을 수 있는 상황을 조성해야 한다. 통합적 협상의 묘미를 잘 보여준 예시로 1997년의 한솔제지 매각협상 사례가 있다.[6]

　1997년 외환위기 당시 한솔제지㈜는 전주공장(현 전주페이퍼)을 노르웨이 기업인 노스케 스코그Norske Skog 및 캐나다의 아비티비 콘솔리데이티드ABITIBI Consolidated에 매각하기 위한 협상을 진행했다. 협상 초기 노스케 스코그와 아비티비 콘솔리데이티드의 요구는 전주공장 지분의 50%를 두 기업에 각각 25%씩 매각하라는 것이었다. 한솔제지로서는 50%의 지분을 유지하게 되어 경영권을 지키면서 긴급한 자금을 조달할 수 있는 방법이었다.

　세 기업이 참여한 이 협상은 애초 '한솔제지 전주공장 지분 매각'이라는 하나의 이슈만 존재하는 분배적 협상의 성격을 띠었다. 즉 한솔제지는 지분을 매각할지 여부, 한다면 몇 퍼센트나 매각할지, 매각가격은 어떻게 할 것인가 등 지분 매각과 관련된 의사결정 및 조율만 하면 되는 것이었다. 그러나 두 인수기업과 한솔의 지분이 50대 50으로 같으므로 누가 경영권 확보에 유리한 고지를 차지할지, 그에 따라 매각가격은 어떻게 정할지 등은 쉽게 정하기 어려웠다.

좀처럼 합의에 이루지 못하고 난항을 거듭하던 중, 한솔제지가 새로운 제안을 했다. 한솔제지 전주공장의 지분 매각만 논의할 것이 아니라 아시아 지역을 관장하는 합작법인을 설립하여 시장장악력을 높이고, 이 신규법인의 지분을 세 기업이 동등하게 가짐으로써 단순한 자금투자가 아닌 전략적 파트너십을 형성하는 것에 대해 논의하자는 제안이었다.

이 제안으로 협상은 분배적 협상에서 통합적 협상으로 프레임이 전환되어 급물살을 타게 되었다.

당시 한솔제지는 외환위기 상황에 자금난을 겪으며 구조조정 필요성을 절감하고 있었다. 그래서 3개 공장을 모두 팔고자 했으나 여의치 않던 와중에 전주공장 매수 의사가 들어온 것이었다. 한솔제지의 최대 관심사는 당연히 가능한 한 많은 자금을 확보하는 것이었다. 그러나 전주공장은 당시 회사의 주된 현금소득원이었으므로 공장에 대한 경영권까지 전면 포기하는 것은 원치 않았으리라 판단된다. 한편 협상상대인 아비티비 콘솔리데이티드와 노스케 스코그의 근본적인 관심사는 아시아 지역에 진출할 교두보를 마련하고, 동시에 일본기업을 견제할 만한 규모 있는 생산거점을 확보하는 것이었다. 따라서 그들은 지분을 싸게 매입하는 것보다는 최대한 많은 지분을 확보하고자 하는 의도를 가졌을 것이다.

한솔제지의 새로운 제안은 자신은 물론 두 상대 기업의 근본 관심사를 동시에 충족시키기에 충분했다. 결국 이들은 4개의 아시아 지역 공장을 갖는 새로운 합작법인 팹코PAPCO를 설립했다. 한솔제지는 전주공장과 중국 상해공장을 팹코에 매각함으로써 9억 3000만 달러의 자금을 확보했고, 더불어 합작법인에 대해 33.3%의 지분을 유지함으로써 오히려 기존의 공장(전주, 상해)은 물론 청원공장과 태국공장의 경영에도 참여할 수 있게 되었다. 아비티비 콘솔리데이티드와 노스케 스코그 역시 각각 33.3%의 지분을 가지고 아시아 지역 거점기업을 소유할 수 있게 되었고, 원래 관심 있었던 전주공장에 대해서는 초기에 제안한 지분율 25%보다 많은 33.3%의 지분을 확보했다. 두 기업이 연합하면 과반이 되니, 그들의 근본적인 관심사를 충분히 충족시키는 만족스러운 협상결과였다.

초기에 이루어졌던 협상은 전형적인 분배적 협상이었다. 지분율이라는 단일한 의제를 두고 어느 쪽에서 얼마만큼의 지분율을 확보할지 밀고 당기는 파이 나누기 식 협상이었다. 여기에 '신규 합작법인 설립'과 '아시아 시장 진출을 위한 전략적 파트너십'이라는 새로운 의제를 추가함으로써 기존의 분배적 협상에서 벗어나 파이를 키워 모두가 윈윈할 수 있는 통합적 협상으로 협상의 프레임을 바꾼 것이다.

한솔제지의 발상전환은 산업에 대한 장기적 안목을 가지고 사업을 계획하고 실행하지 않으면 나오기 어렵다. 눈앞의 협상

이슈에만 매달리지 않고 한층 넓고 깊은 관점에서 자신과 상대방의 '진짜' 관심사를 충족시킬 수 있는 대안을 모색할 때에만 가능하다는 것이다.

통합적 프레임으로 바라보라

──────────────── 노벨경제학상 수상자인 트버스키 Amos Tversky와 커너먼Daniel Kahneman 교수는 이와 관련된 현상을 '프레이밍framing(구속효과)'이라는 개념으로 설명했다.[7] 똑같은 기대수익과 리스크가 있는 투자기회를 놓고 의사결정을 내려야 하는 두 명의 투자자가 있다고 가정하자. 만약 위험요인에 초점을 맞춰 리스크를 회피하고자 한다면 그 투자기회를 채택하지 않을 것이고, 기대효과에 초점을 맞추어 기대수익을 얻고자 한다면 그 기회를 채택할 가능성이 높다. 즉 상황과 의사결정 과제를 어떻게 파악하느냐에 따라 같은 사안에 대해서도 의사결정이 전혀 달라진다는 것이다.

어느 마을에 전염병이 창궐해 600명이 감염되었다. 이때 다음과 같은 두 가지 치료법이 있다면 당신은 어떤 방법을 채택하겠는가?

① A치료법을 사용하면 200명을 살린다.
② B치료법을 사용하면 600명 모두 살릴 확률이 1/3이고, 한 명

도 살리지 못할 확률이 2/3다.

트버스키와 커너먼이 제시한 이 질문에 대해 응답자의 72%는 A치료법을 채택하겠다고 답했다. 이번에는 똑같은 상황에 대해 다른 그룹에게 조금 다른 치료법을 제시했다.

① C치료법을 사용하면 400명이 죽게 된다.
② D치료법을 사용하면 아무도 죽지 않을 확률이 1/3이고, 모두
   죽을 확률이 2/3다.

이번에는 78%의 응답자가 D치료법을 선택하고 22%가 C치료법을 선택했다.

생존확률로만 따지면 A치료법과 C치료법은 완전히 같고, B치료법과 D치료법 역시 완전히 같다. 아니, 4가지 치료법 모두 치료효과의 기대치는 동일하다. 그런데도 응답자들이 '몇 명을 살리는가'에 초점을 맞췄을 때에는 확률적인 기대치보다는 200명을 확실하게 살리는 안이 더 많이 채택되었고, '몇 명이 죽게 되는가'에 초점을 맞추었을 때에는 확실하게 400명이 죽는 것보다는 확률에 기대를 거는 선택을 했다. 이처럼 인간은 잠재적 이익에 직면할 때에는 위험을 회피하는 방향으로, 잠재적 손실에 직면할 경우 위험을 감수하는 방향으로 행동한다는 것이다.

우리는 당면한 상황을 파악할 때 자신이 설정한 관점^{frame}을

사용한다. 일단 하나의 틀이 정해지면 그 틀에 갇혀 다른 관점에서 보기 어렵게 된다. 이와 같은 현상을 틀에 갇힌다는 뜻에서 '프레이밍framing'이라 한다. 어떠한 상황에 대해 파악하기 전에 미리 그에 대한 생각의 틀을 가짐으로서 상황을 편향되게 인식하는 것이다. 어디서든 한 번쯤 보았을 아래 그림은 전형적인 프레이밍의 예다. 처음에 이 그림을 미녀로 본 사람은 노파가 보이지 않고, 노파로 본 사람은 미녀가 보이지 않는다. 더 나아가, 비슷한 모습의 미녀 그림을 먼저 보여주고 나서 이 그림을 보여주면 거의 대부분 미녀만 보게 된다. 반대의 경우도 마찬가지다.

자료: OCDQ Blog. Obsessive Compulsive Data Quality by Jim Harris Originally from Stephen Covey, 2004. The Seven Habits of Highly Effective People.

똑같은 협상에서도 당면한 상황을 경쟁적인 분배적 협상으로 인식한다면 경쟁적이거나 적대적으로 행동하고, 상대방의 경쟁적 행동을 유발하게 된다. 그래서 결국 분배적 협상으로 끝나버린다. 반면에 협력적인 통합적 협상상황으로 인식한다면 그와 같은 행동을 통해 상대방과 긍정적으로 상호작용하여 통합적 협상결과를 만들 가능성이 크다.[8] 따라서 어떠한 협상에 임하든 우선 윈윈 협상으로 성격을 규정하는 것이 중요하다.

이를 위해서는 첫째, 자신의 인식부터 통합적 협상을 만들어 갈 수 있도록 방향을 전환해야 한다. 협상의 성격은 사전에 정해져 있는 것이 아니라 양측이 상호작용하는 가운데 만들어진다. 협상 테이블에 앉으면 자신의 이야기를 하는 동시에 상대방의 반응을 살핀다. 어느 한쪽이 분배적이고 경쟁적인 입장을 취하면 협상장은 쉽게 경직되고, 협력적인 분위기로 돌아가기는 매우 어려워진다. 반면에 초기에 협력적인 분위기를 조성하고 이를 가꾸어 나간다면 통합적 협상을 이끌어낼 수 있다. 따라서 자신부터 통합적 협상을 목표로 하고 상대방의 관점을 같은 방향으로 유도해가는 것이 시작이다. 이때 대화뿐 아니라 표정, 몸짓, 옷차림 등 비언어적 커뮤니케이션도 중요하다. 처음 만남에서의 악수, 부드러운 표정, 눈 맞춤, 편안한 자세 등은 협력적 분위기를 조성하는 데 큰 도움이 된다.[9]

둘째, 단일한 의제가 아닌 다양한 의제를 찾거나 만들어낸다. 가격 등 단일한 의제만을 가지고 협상하면 분배적 협상으로 귀결될 수밖에 없다. 사례에서 본 것과 같이 가격 외에도 물량, AS, 추가 거래, 재구매 가능성 등 다양한 의제를 추가함으로써 분배적 협상을 통합적 협상으로 전환시킬 수 있다. 이를 위해서는 상대방이 무엇을 원하는지 사전에 충분히 검토해야 함은 물론 협상 테이블에서 유연함과 창의성을 발휘해야 한다.

셋째, 필요하다면 상대방을 교육하고, 도움이 되는 정보를 제공하고, 신뢰를 구축해 나간다. 당신이 아무리 통합적 협상을 추구한다 해도 상대방이 같이 움직이지 않으면 헛일이다. 그러므로 경우에 따라서는 협상의 취지를 상대방에게 다시 확인시키고, 상대방의 인식전환에 필요한 정보를 제공할 필요도 있다. 그럼으로써 서로에 대한 신뢰가 만들어지면 통합적 협상에 한 발 다가갈 수 있다.

넷째, 물리적인 협상환경을 우호적으로 설정한다. 분위기는 사소해 보이지만 매우 중요하다. 근엄한 분위기에서 테이블을 일자로 배치하고 남북회담 하듯이 서로 멀찍이 떨어져 앉는 것만으로도 서로 대적하고 있다는 느낌을 준다. 반면 함께 식사하고 나란히 앉아 같은 쪽을 바라보는 것은 함께 문제해결을 하는 관계라는 암시를 주기도 한다. 인간은 사소한 설정과 신호에 무의식적으로 영향을 받는다는 것이 많은 실험을 통해 입증되고 있다.[10] 따라서 협상장을 우호적으로 꾸미고 식사 등을 통해 분위기를 풀어주면 도움이 된다.

건설 구조분석 CAE Computer Aided Engineering 소프트웨어 부문에서 세계 1위를 차지하고 있는 마이다스아이티에서는 협상이라는 말 대신 '협의'라는 용어를 사용한다. 협상의 어감은 분배적 성격이 강한 반면, 협의라고 하면 서로 협조하여 전체 파이를 키워가는 것으로 느껴진다는 이유에서다. 아울러 협상장의 분위기, 테이블 배치, 음악까지 신경 써서 준비한다. 그 자리에서 이형우 사장은 다음과 같은 말로 이야기를 시작한다. "당신과 내가 어렸을 때 헤어진 형제라고 가정해보자. 나는 형인 당신을 위해 내가 최대한 해줄 수 있는 것만 생각하고 말하겠다. 당신도 동생인 나를 위해 그렇게 해보자." 이 한마디로 상대방의 마음을 여는 것이다.

2000년 CAD Computer Aided Design 소프트웨어 부문 세계 1위 기업인 벤틀리시스템스 Bentley Systems 와의 협상에서도 이 전략은 통했다. 건설건축 분야의 구조물을 설계할 때에는 벤틀리의 CAD와 마이다스아이티의 CAE가 모두 필요하다. 이 사장은 벤틀리 측에 1년 동안 한국시장에서 소프트웨어를 얼마나 판매할 것으로 기대하는지 물어봤고, 벤틀리는 30억 원 정도라고 대답했다. 이 사장은 자신이 헤어졌다 만난 동생이라 생각하고, 형을 위해 그들의 소프트웨어를 30억 원어치 선구매해서 국내에서 팔아주겠다고 제의했다. 벤틀리도 이에 화답해 마이다스아이티의 CAE 소프트웨어를 30억 원에 선구매해서 세계시장에서 판매하기로 합의했다. 서로 같은 가격을 선지불했으니 현금 지출은 없었던 셈이고, 각자 30억 원의 추가 매출만 발생했다. 전략적으로 벤틀리는 한국 등 아시아 중심의 마이다스아이티 거래 시장에 자신의 소프트웨어 제품을 각인시키는 목적을 달성했다. 또한 마이다스아이티는 세계 1위의 CAD 기업과 공동마케팅을 함으로써 자사의 브랜드 가치와 인지도를 높이는 목적을 달성했다. 모든 협상이 원원을 위한 통합적 협상이어야 한다는 인식 하에, 처음부터 통합적 협상을 위한 프레이밍을 적극적으로 활용한 결과다.

양쪽 모두에게 의지가 있는가

──────────── 2003년 3월 토지공사(현 LH공사)가 시행하는 청주 산남3지구 택지개발 구역에서 두꺼비 집단산란지가 발견됐다.[11] 이와 동시에 원흥이 방죽(산란지)과 구룡산(서식지)의 보존구역 설정을 두고 토지공사와 환경단체 사이에 갈등이 발생했다. 토지공사는 가급적 초기 계획대로 개발을 추진하고 싶어 했다. 원토지소유자로부터 이미 토지를 매수했기 때문에, 환경보존을 위해 개발계획을 수정할수록 공사의 손실은 커질 터였다. 이에 맞서 택지개발에 반대하는 시민대책위원회는 두꺼비 산란지 및 서식지를 원형대로 보존해야 한다고 주장했다.

2003년 6월 시민대책위원회가 발족한 이후, 2차에 걸친 연구용역 시행, 3차에 걸친 시민대책위원회의 대안제시와 협의가 진행되었다. 초기에는 양측 모두 강경한 입장을 고수했다. 시민대책위에서 합의안을 제시했음에도 토지공사는 상가 택지를 분양하는 한편 업무방해 등에 대한 소송을 제기하며 당초의 계획을 밀어붙이려 했다. 시민대책위는 그들대로 기습벌목에 대항해 법원과 검찰청을 항의 방문하고, 서명운동 및 천막농성을 하는 등 강경노선을 고수했다.

이런 상황이 1년 이상 계속되었다. 마침내 양측은 이렇게 해서는 문제를 해결할 수 없다는 것을 인지하고 모두 만족할 수 있는 합의안을 마련하기에 이르렀다. 주요 내용은 다음과 같았다. 원흥이 방죽을 포함해 주변의 두꺼비 산란지와 서식지 보전구역을 설정하고, 산란지와 서식지를 연결하는 생태통로 및 대체 산란지를 설치한다. 서식지 보전구역 및 생태통로를 포함하는 생태공원은 최대한 원형을 유지하고, 향후 관리를 위한 생태문화관을 건립한다. 이에 관한 비용은 토지공사에서 부담한다. 시민단체는 두꺼비 모니터링에 참여하고, 양측은 상생의 지역개발을 위해 지속적으로 협조한다.

협상 초기에는 양측 모두 상대방을 이겨야 하는 분배적 협상으로 상황을 인식했다. 토지공사와 택지를 분양받은 사람들은 환경단체의 요구가 자신들이 얻게 될 개발이익을 훼손한다고 생각했고, 환경단체는 자신들의 요구를 무시한 채 개발자들이 생태계를 일방적으로 훼손하는 것으로 여겼다. 그나마 다행인 것은 양자의 주장이 평행선을 그리는 와중에도 협상을 결렬시키지 않고 2년 가까운 기간 동안 만남과 대화를 계속 이어갔다는 점이다. 대화를 통해 서로 상대방이 무엇을 원하는지 이해하고 받아들이게 되었고, 마침내 가능한 방안을 도출한 것이다.

토지공사와 택지 소유자들은 일부 지역의 개발을 못하게 되었으나 그 대신 환경보존에 동참한다는 긍정적인 사회적 인식을 얻었다. 나아가 개발지구 전체가 친환경지역이 되면서 경제적 가치는 오히려 상승했다. 환경단체는 현실적으로 승산이 적은 상황에서 최대한 환경을 보전하는 방안을 도출했으며, 사회적으로 환경의 중요성을 환기시켰다. 협상의 틀을 바꿈으로써 모든 이해관계자들의 초기 목적을 달성하고, 기대가치 또한 높아져 파이를 나누는 것이 아니라 파이를 키울 수 있었던 것이다.

우리 사회에 만연한 집단 간 갈등도 상대방을 이기고 자신의 이익만을 극대화하겠다는 분배적 인식의 틀에 갇혀 있기 때문은 아닐까. 분배적 협상이 계속되면 결국은 윈루즈win-lose 협상이 아니라 모두가 손해를 보는 루즈루즈lose-lose 협상으로 가게 된다. 서로 자신이 이기겠다고 싸우다 결국 양자가 다 지고 마는 것이다. 청주 두꺼비 생태공원의 사례에서 보듯이, 모두가 이기는 윈윈 협상을 하겠다고 인식의 틀을 바꿀 때 우리 사회의 갈등을 해결할 실마리도 찾게 될 것이다.

그러나 여기에는 한 가지 어려움이 있다. 통합적 협상을 하려는 의지가 양측 모두에게 있어야 한다는 것이다. 당신은 정보를 공유하고 양보하는 등 다양한 노력을 하는데 상대방이 이를 이용해 자신의 이익을 취한다면, 당신은 일방적으로 손해를 볼 수밖에 없다. 협상이 어렵고 마음먹은 대로 되지 않는 이유가 바로 여기에 있다. 이에 대해서는 다음 장에서 좀 더 자세히 살펴보기로 하자.

CHAPTER 2
마음만 있으면
윈윈은 가능한가

"서로 윈윈하고자 하는
마음만 있다면
협상은 순조로이
타결될 수 있다."

당신은 이에 동의하는가?

한국의 경영자 100인에게 물었더니
91%가 "그렇다"고 대답했다

回

　기계부품 전문 제조업체를 운영하는 이 사장은 윈윈 협상의 중요성을 잘 알고 있다. 중요한 협상을 할 때면 윈윈할 수 있도록 나름의 계획을 세우기도 한다. 그러나 막상 협상 테이블에 앉으면 상대방과 자신의 입장은 정반대이고 대립관계라는 생각이 든다. 상대방이 제시한 조건은 하나같이 마음에 들지 않고 왠지 자신이 속고 있는 것 같다. 그렇다 보니 윈윈 협상은 온데간데없이 이 사장도 자신의 조건을 강하게 주장하게 된다. 서로 밀고 당기기만 반복하다 어중간한 조건에 불만족스러운 합의를 하거나, 그마저 결렬되기 일쑤다.

　자사 제품의 품질에 대한 이 사장의 자부심은 대단하다. 그러니 당연히 적정 가격을 받아야 한다고 생각한다. 상대방도 좋은 부품으로 제품을 만들어 팔면 충분히 이익을 낼 수 있지 않겠는가? 그러나 이것은 이 사장만의 생각일지 모른다. 이 사장의 회사는 신생업체여서 업계에 이렇다 할 평판이 없다. 그러니 상대방은 품질을 의심하며 일단 가격을 깎으려 한다. 그뿐이면 모르겠는데, 대금지급기일을 늦추거나 AS 기간을 무리하게 요구하니 이 사장은 당혹스럽다. 이런 조건까지 수용하기에는 이 사장의 자존심이 허락하지 않는 것. 결국 새로운 거래처를 만들려던 의도는 뒷전으로 밀리고 빈손으로 돌아오게 된다.

조사한 바에 의하면 한국의 경영자 상당수가 윈윈하고자 하는 마음만 있다면 협상은 순조로이 타결될 수 있다고 믿고 있었다. 그러나 과연 마음만 있으면 될까? 물론 의지가 없는 것보다는 나을 것이다. 그러나 마음만 가지고는 부족하다. 어느 정도 사업을 해본 경영자라면 협상에서 윈윈을 추구해야 한다는 점을 잘 안다. 그러나 동시에 경험 있는 경영자일수록 윈윈 협상이 어렵다는 것을 깊이 인식하고 있다. 심지어 윈윈 협상이란 그럴듯한 포장일 뿐이라고 생각하기도 한다. 현실의 윈윈 협상에는 걸림돌이 존재하기 때문이다.

'양보만 하다가 끝나면 어쩌지?'

──────────────── 가장 큰 걸림돌은 상대방의 의중을 알기가 어렵다는 점이다. 내가 윈윈을 추구했는데 상대방이 이를 악용하면 나만 손해다. 나는 양보해서 서로에게 좋은 조건을 제시했는데, 상대방은 자신에게 좋은 점만 취하고 양보는 하지 않으면 어떻게 되겠는가. 제품을 공동으로 개발하고 판매하려는데 상대방은 적게 투자하고 이익만 챙기려 한다면 우리가 기대하는 결과를 얻을 수 없다.

상대방을 전적으로 믿을 정도가 아니라면 일단 의심하는 것이 당연하다. 상대방도 당연히 우리를 그렇게 바라볼 것이다. 협상에서 원원을 추구해야 서로에게 득이 된다는 것은 누구나 알지만, 실제로는 상대방을 믿지 못해 밀고 당기는 협상을 하고, 결과적으로 모두에게 좋지 않은 결과를 초래하곤 한다. 흔히 '죄수의 딜레마 prisoner's dilemma ' 12)라 표현하는 이 현상을 협상가들은 '협상가의 딜레마' 13) 또는 '기이한 파이 나누기 현상 mythical fixed pie syndrome' 14)이라 부른다. 협상을 시작하기 전에는 '파이를 키워야지' 하고 생각하지만 이상하게도 협상 테이블에만 앉으면 '파이 나누기' 현상이 나타난다는 것이다. 앞서 예로 든 이 사장이 그랬던 것처럼.

사실 상대방이 이 사장에게 무리한 요구를 하는 것도 이유는 있다. 그들이 제작하는 기계에는 다양한 부품이 필요하며, 일부는 외부에서 구매해서 사용한다. 외부에서 조달할 때에는 좋은 제품을 합리적인 가격에 구매하는 것이 중요하다. 그런데 이 사장의 회사는 신생업체여서 품질이 정말 좋은지 검증되지 않았다. 문제는 또 있다. 제품을 판매해도 대금회수가 제때 안 되는 경우가 종종 있기 때문에, 납품업체 계약을 새로 할 때에는 가능한 대금지급기일을 늦추고 싶어 한다. 결론적으로 상대방으로서는 이 사장의 조건을 그대로 받아들이기 어렵다. 양측의 입장이 이러한데 원원할 수 있을까?

협상가들이 딜레마에 빠지는 이유는 서로에 대한 신뢰가 없기 때문이다. 두 사람이 공동으로 투자해 회사를 운영할 때 서로 믿고 노력을 아끼지 않고 일하면 모두 좋은 결과를 얻을 것이다.[15] 두 사람도 이것을 잘 알고 있다. 그런데 나는 열심히 일할 마음이 있지만 상대방은 자기 몫을 챙기는 데에만 열심이라면? 그야말로 죽 쒀서 뭐 준 꼴이 된다. 경제학에서 말하는 '강탈문제hold-up problem'가 발생하는 것이다. 상대방으로 하여금 두 손 들어 아무것도 하지 못하게 하고서 물건을 빼앗아가는 것에 빗댄 것이다.[16] 공동의 사업에 더 많이 투자하고 노력한 쪽은 이미 들어간 매몰비용이 크므로 사업 성공에 더 매달릴 수밖에 없다. 반면 투자한 게 없는 쪽은 아쉬울 것도 없다. 상대방이 이렇게 나오면 고매한 인격자가 아닌 다음에야 누가 당하고만 있겠는가. 나도 손해 보지 않겠다고 결심할 것은 불 보듯 뻔하다. 솔선수범하여 시간과 노력을 투입하기보다는 자기 몫을 먼저 확보하려는 게임이 시작된다.

우리 사회 곳곳에 퍼져 있는 집단 사이의 갈등도 상대방에 대한 신뢰의 부재 때문인 경우가 많다. 우리는 옳은 일을 하고 있고 상대방과 협의할 의사가 있지만 상대방이 어떻게 나올지 알 수 없고, 상대방이 우리의 선의를 오해하거나 악용한다면 우리만 피해를 입는다는 강박관념이 작용하는 것이다.

처음부터 두터운 신뢰 속에 시작하는 협상은 없다. 따라서 처음에는 일단 협상을 진행하면서 상대방을 어느 정도 믿을지 탐색하고, 신뢰를 얻으려 노력해야 한다.[17] 단, 무조건 착하거나 정직한 사람이 최고라는 뜻은 아니니 오해하지 말자. 그보다는 서로 협조해서 긍정적인 결과를 도출할 수 있는 사람인지 여부가 더 중요하다. 상대방이 단순히 착하고 정직한 사람이라고 인식한 경우에 협상자들은 오히려 분배적 협상 행동을 보이는 경향이 있다.[18] 신뢰는 당사자 간 상호작용에 의해 만들어지는 것이지, 일방적인 신뢰는 협상결과에 도움을 주지 못한다.

서울시와 상인들은 어떻게 서로를 믿게 되었나[19]

───────────────────── 2002년 7월 이명박 서울시장이 야심차게 추진한 청계천 복원사업은 초기부터 엄청난 갈등을 낳았다.

청계천 복원사업은 동아일보사 앞에서 신답철교까지 5.84km의 복개도로와 그 위의 고가도로를 걷어내고 도심에 자연형 하천을 조성하는 사업이었다. 단순히 낡은 복개구조물을 철거하고 하천조경공사를 하는 토목공사가 아니라 서울 도심의 모습을 바꾸는 도시개발사업의 의미가 있었다. 그러나 사업시행에 현실적 난제 또한 적지 않았다. 단기적으로는 인근 상인들의 반발이 가장 큰 문제였다. 당시 청계천 주변의 6만 5000여 점포에는 약 22만 명의 상인들이 생업에 종사하고 있었는데, 이 사업으로 도로접근율이 3분의 1이하로 떨어지면 영업에 심대한 타격을 입을 게 뻔했다.

우려대로 청계천 상인들은 청계천상권수호대책위원회를 결

성하고 반대시위를 벌이는 등 강력히 반발하고 나섰다. 그럼에
도 서울시는 2003년 7월 1일 공사 착공이라는 기존의 계획은 변
경할 수 없다고 못 박았다. 상인들의 영업손실 보상 요구 또한
받아들일 수 없다고 맞섰다. 이러한 상황에서 서울시와 대책위
가 원만한 해결책을 도출하려면 어떻게 해야 했을까?

　서울시는 청계천 상권의 업종이 다양하고 이해관계도 복잡하
게 얽혀 있기 때문에 차별화된 협상전략이 필요하다고 판단하
고, 우선 시행주체와 이해당사자가 직접 협상하는 정책협의회
를 구성해 안정적인 소통채널을 개설했다. 이해당사자인 대책위
는 이 채널을 통해 협상에 참여하는 동시에 국회, 중앙정부, 시의
회에 청원과 홍보작업을 지속했다. 특히 서울시의 사업추진 방
식에 불만이 있던 시민들과 연계하면서 기존의 일방적 반대에서
사업 연기로 입장을 전환해 서울시를 압박했다. 그러나 서울시
가 이 주장도 받아들이지 않자 양측의 갈등이 깊어졌고, 청계천
상인들은 정책협의회 협상을 중단하기에 이르렀다.

　그럼에도 지속적인 대화와 노력 끝에 결국 2003년 6월 24일
서울시와 청계천상권수호대책위원회는 최종 합의에 도달했고,
7월 1일 원안대로 착공이 이루어졌다. 극한 대립으로 이어질 수
있었던 사안이 1년 만에 비교적 원만히 해결되고 추진될 수 있
었던 성공요인들이 거론되어 왔는데,[20] 그중 중요한 몇 가지를
요약하면 다음과 같다.

　첫째, 청계천 복원사업을 주도할 청계천복원시민위원회를 구

성했다. 이 위원회는 사업 추진에 전문성을 부여하고 시민의견을 수렴하는 심의기구로, 6개 분과로 구성되었다. 이 중 시민의견분과에서는 이해당사자인 상인들의 의견을 수렴하고 상인대책 수립에 자문을 했으며, 동시에 상인들의 요구사항과 불만사항을 서울시에 전달하는 중개자 역할을 했다.

둘째, 청계천 상권에 대한 정밀 현장조사를 실시했다. 협상팀원들은 청계천로 일대를 직접 방문하여 지역별 상권분포 등 상가현황을 파악하고 대화를 통해 그들의 요구사항과 문제점이 무엇인지 사전에 철저히 확인했다. 정부주도형 도시개발은 부실한 현장조사와 탁상공론으로 현실과 동떨어진 대책을 내놓는 경우가 태반인데, 청계천 복원사업의 협상팀은 그러지 않았다.

셋째, 협상창구를 협상팀 5명으로 단일화하고 대표성을 부여했다. 초반에는 청계천 상인 대표들이 이들을 서울시 공무원으로 판단해 시장과의 직접 면담을 요구하는 등 대표성을 부정했다. 그러나 단장을 위시한 협상팀으로 창구를 단일화하고 끈질기게 대화하고자 노력한 결과 상인들도 점차 대표성을 인정하게 되었다. 이 과정에서 협상팀의 성실성과 일관성이 빛을 발했고, 덕분에 인간적인 신뢰가 만들어졌다.

넷째, 조직 내부 결속이 견고했다. 이명박 시장이 취임한 이후 휴일도 없이 매주 토요일마다 청계천복원 관계기관 회의를 열어 복원방향과 방법 등을 논의하고, 상인들의 동향과 문제점 및 대책을 토의하면서 정보공유도 원활해지고 결속력도 높아졌다. 그럼으로써 상인들과의 협상에서 일관성 있게 대응할 수 있었다.

다섯째, 상시 의사소통 채널을 가동했다. 공식 협상채널은 크게 3가지, 즉 상인들과의 실질적인 협상이 이루어진 정책협의회, 서울시 주도로 만든 의견수렴기구인 주민상인협의회, 사업설명회 및 기본계획 관련 공청회 등이 있었다. 그러나 공식적인 회의만으로는 한계가 있어서 이와 별도로 직접 면담하거나 전화통화를 하는 등 비공식적인 물밑협상도 일상적으로 이루어졌다. 비공식채널을 통한 대화는 찬반을 둘러싼 논리적 싸움보다는 주로 상인들의 미래에 대한 실질적인 고민에 관한 것이었다. 1년 동안 협상팀이 상인들과 면담한 횟수가 4200회나 되니, 서로가 상대방을 걱정하며 챙길 정도로 친분관계를 맺게 되었다. 이러한 신뢰가 합의점을 모색하는 데 순기능을 했음은 말할 필요도 없다.

여섯째, 사업 추진 및 집행에 관한 내용을 시행주체와 이해당사자들이 공유했다. 서울시 협상팀은 매주 토요일 회의에서 큰 범위의 기관들과 정보를 공유하는 한편, 내부적으로는 거의 매일 회의를 하며 상인들과의 접촉상황을 공유하고 방침을 재확인했다. 서울시 협상팀과 상인대표들 사이에 공식, 비공식 채널이 계속 가동되었음은 물론이다.

일곱째, 서울시는 두 가지 원칙을 정하고 일관되게 유지했다. 현금보상은 없다는 것과 공사착공 연기는 안 된다는 것이었다. 청계천로가 시유지이므로 애초에 직접보상 의무가 없었던 데 더해, 서울시는 공사에 따른 간접손실에 대한 보상도 단호히 거절했다. 간접손실의 피해액을 산정하다가는 착공 자체가 불가능해질 것이라는 우려가 있어서였다. 그 대신 공사 중 영업불편을 최소화하고, 복원 후 상권 활성화를 위한 방안을 마련하고, 영업이 불가능한 업종은 이전대책을 마련한다는 원칙을 끝까지 지켜 나갔다.

여덟째, 청계천 주변 상인들은 대승적 차원에서 희생을 감수하기로 했다. 상인들이 끝까지 복원사업을 반대하며 강경한 투쟁을 벌였다면 청계천 복원사업은 불가능했을 것이다. 공사가 시작되기도 전에 상가의 매출이 떨어지고, 권리금도 떨어져서 생계를 압박해오는 상황에서도 상인들은 희생을 감내하며 복원사업에 협조했다. 이는 외부의 물리력에 의해서가 아니라 상호 신뢰에 기반해 자발적 협상으로 갈등이 해결되었기 때문에 가능했다.

이들 요인은 얼핏 보면 서로 연관성이 없는 것 같기도 하지만, 모두 협상당사자 간의 신뢰를 형성하는 데 중요한 역할을 했다. 안정적인 조직과 일관된 협상창구 운영, 전문가에 의한 자료조사와 정보의 공유 등은 모두 신뢰를 쌓는 데 긍정적인 역할을 했다. 신뢰를 통해 이들은 상대방의 입장에서 생각하고 사업이 성공적으로 이루어질 수 있는 대안을 마련했다.

아는 만큼 믿을 수 있다

───────────── 협상에서 원원이 최상의 결과임은 누구나 안다. 그러나 원원하고 싶어도 상대방이 어떻게 나올지 믿을 수 없어서 대결하듯 협상에 임하곤 한다. 원원 협상을 하려면 마음만으로는 부족하다. 상대방도 원원하고자 하는 마음이 있음을 서로 믿을 수 있도록 방법을 찾아야 한다.

첫째, 아는 만큼 믿을 수 있다.

믿으려면 일단 알아야 한다. 서로에 대해 많이 알수록 신뢰 수준을 높일 수 있다. 꾸준히 만나고 거래하면서 믿을 만한 상대인지 확인하고, 나에 대한 상대방의 신뢰도 쌓아야 한다. 서로 정보를 주고받는 것은 필수다. 이렇게 쌓인 신뢰는 곧 평판으로 이어진다. 기업세계에서 평판의 중요성은 새삼 설명하지 않아도 될 것이다. 부정적인 평판이 만들어지면 협상을 포함해 여러 가지 기업활동에 제약이 따르게 된다. 반대로 양쪽 모두 평판이 좋다면 원원 협상을 할 가능성도 그만큼 높아진다.

10여 년 전에 미국 시애틀에서 1년 동안 연구년을 보낸 적이 있다. 미국생활에는 자동차가 필수품이어서 중고차를 사기로 하고 지인에게 한국인 딜러를 소개받았다. 소개를 받기는 했으나 모르는 딜러에게 처음부터 믿음이 생긴 것은 아니다. 비가 자주 오는 시애틀 날씨에 어울리는 빨간색의 날렵한 세단이 마음에 들었으나 과연 그가 제시하는 가격이 적정한 것인지, 얼마나 할인을 요구해야 할지 판단이 서지 않았다. 그런데 전혀 예상하지 못했던 것을 그가 내게 보여주었다. 자신이 보유하고 있는 모든 중고차에 대한 상세정보가 고스란히 담긴 장부였다. 내가 관심을 보인 차에 관한 정보는 물론, 자신이 구매한 가격까지 보여주면서 판매가를 제시하니 그를 믿지 않을 도리가 없었다. 덕분에 마음에 드는 차를 구해 1년 동안 잘 탔으며, 그와는 가끔 골프도 치는 사이가 되었다. 또한 시애틀을 떠날 때에는 그에게 다시 그 차를 만족스러운 가격에 팔았다. 처음 만난 자리였지만 그가 충분한 정보를 제공한 덕분에 그의 영업방식을 이해했고, 신뢰하게 되었다.

한국협상학회는 한국콜마의 윤동한 회장에게 2016년 12월 대한민국협상대상을 수여했다. 칠순에 접어든 윤 회장은 평생 신뢰를 바탕으로 원칙에 입각해 협상에 임해온 공로를 인정받아 이 상을 받게 되었다. 그는 북미지역 최대의 화장품 아웃소싱 업체인 웜저Wormser와 공동으로 협상에 나서 2016년 9월 미국의 화장품 ODM 기업인 PTP를 인수하는 데 성공했다. 첫 접촉 후 인수거래부터 거래완료까지 1년여 동안 한국콜마는 인수대상인 PTP는 물론 파트너인 웜저와도 치열한 협상을 벌였다. 협상이 한동안 교착상태에 빠지자 윤 회장은 웜저의 오너 형제를 한국에 초청하는 승부수를 던졌는데, 이것이 주효했다. 한국에 온 이들이 한국콜마의 R&D 및 생산능력을 눈으로 확인한 뒤 한국콜마야말로 반드시 필요한 파트너임을 마음으로 받아들인 것이다. 깊어진 신뢰를 바탕으로 윤 회장은 웜저 사의 거래선과 네트워크에 한국콜마의 R&D 및 생산능력을 결합하면 엄청난 시너지 효과를 낼 수 있다고 설득해 투자지분율, 인수가격, 인수 후 이사회 운영방식 등에 대한 원만한 합의를 이끌어냈다.

'그러나 상대방이 똑같이 정보를 주지 않는다면 나만 손해 아닌가?' 이런 생각이 들지 모르겠다. 맞는 말이다. 신뢰를 구축하기 위해서는 정보를 주고받아야 하는데, 얼마만큼 주고받을 것인가는 다시 신뢰 수준에 따라 정해져야 한다는 딜레마가 있다. 따라서 어떤 정보를 얼마만큼 제공할지 주의 깊게 판단해야 한다.

둘째, 장기적인 관계에 대한 기대감을 주자.

앞으로 거래가 반복될 것이라 기대된다면 설령 인간적인 신뢰가 없더라도 신의를 저버리는 행동을 하기는 어렵다. 그런 만큼 앞으로 지속될 거래나 관계에 대한 기대감을 주면 신뢰를 쌓는 데 도움이 된다. 믿을 수 있도록 행동하면 다음 거래에서 보상을 받을 것이고, 그렇지 않은 행동을 하면 불이익을 당하게 될 것임을 확실히 밝히는 것도 좋은 방법이다.

시애틀 말고 한국에서도 자동차를 구매할 기회가 몇 차례 있었는데, 대부분은 만족스러웠다. 그중 한 딜러는 2000년대 초반에 내게 차를 판매한 이후 지금까지도 꾸준히 안부문자를 보내고 있다. 모르긴 몰라도 미래의 거래까지 염두에 둔 행동일 것이다. 장기적 거래에 대한 기대는 서로 신뢰를 유지하게 하는 역할을 한다.

셋째, 비전과 가치를 공유하자.

인생이나 사업에 대해 장기적, 기본적인 목적을 공유하고 있으면 일시적으로 의견이 갈리더라도 결국에는 합의에 이를 것이라는 믿음이 생긴다. 청계천 복원사업에서 상인들이 청계천의 미래상과 복원사업의 역사적 가치, 친환경 도시 건설과 장기적인 혜택 등의 비전에 공감하여 당장의 손실을 감수한 것이 좋은 예다.

앞서 소개한 한국콜마의 윤동한 회장은 사업 초기 오사카 소재의 일본콜마와 협상한 적이 있다. 윤 회장이 합작사업을 제안하자 일본콜마는 자신들이 지분 51%를 소유하겠다고 주장했다. 이에 윤 회장이 어떻게 대응했을까? 그는 지분율을 다투는 대신 오히려 일본콜마가 80%, 자신이 20%의 지분을 갖겠다는 역제안을 하여 일본콜마를 놀라게 했다. 이유를 묻는 이들에게 윤 회장은 "오너십은 중요하지 않다. 나는 오직 일하고 싶을 뿐이다"라고 답했다. 이에 감동한 일본콜마는 도리어 윤 회장에게 51%의 지분을 갖도록 수정제안하여 합작회사를 시작하게 되었다. 윤 회장이 보여준 일에 대한 열정과 비전이 사업에서 신용과 인격을 중시하는 오사카 상인들을 감동시킨 것이다. 이는 전폭적인 신뢰의 기반이 되었고, 이후 일본콜마와의 협상은 모든 면에서 원활히 진행되었다.

워런 버핏은 빌 게이츠가 설립한 게이츠 재단에 재산의 85%인 370억 달러를 기부하겠다고 밝힌 바 있다. 나아가 2010년에는 두 사람이 공동으로 전 세계 부자들의 기부문화를 선도하기 위해 '기부약속The Giving Pledge' 캠페인을 시작했다. 2010년에 40명의 기부자가 1250억 달러를 기부하기로 약속한 것을 시작으로, 2015년 말에는 15개 이상의 국가에서 141명의 기부자가 참여했다.[21] 그것도 재산의 대부분을 기부한다는 서약이었다. 빌 게이츠와 워런 버핏은 사업분야도 다르고 하는 일도 다르지만 사회공헌과 기부라는 공통의 가치를 공유하고 있기에 관련 이슈에 대해 서로를 믿고 쉽게 합의할 수 있을 것이다. 나아가 각자의 사업에 대해서도 암묵적으로 서로를 신뢰하지 않을까?

시간이 필요하다

──────── 사실 서로에 대한 신뢰가 완벽하면 일일이 협상해야 할 필요도 없어진다. 서로 100% 신뢰하고 모든 정보를 공유하는 사이라면 협상해서 이해관계를 조정하지 않고도 자연스럽게 합의에 이르지 않겠는가. 그러나 오랫동안 돈독한 관계를 유지해온 개인들이 아닌 다음에야 비즈니스 협상에서 100% 신뢰는 기대하기 어렵다. 반대로 전혀 신뢰가 없는 이들끼리는 한 발자국도 움직일 수 없는 교착상태가 지속될 수밖에

없다. 내가 한발 양보하면 그것은 바로 나의 손해로 이어지기 때문이다. 우리는 이 두 극단 사이, 부분적인 신뢰 속에서 협상을 진행하곤 한다. 우리가 할 일은 서로 간의 신뢰를 조금이라도 키워가기 위해 부단히 노력하는 것이다.

협상당사자들이 신뢰를 쌓기 위해서는 절대적인 '시간'이 필요하다. 장기적인 관점에서 서로 노력하지 않는 한 윈윈 협상은 요원하다는 것이다. 윈윈 협상은 서로 정보를 공유하고 의사소통하며 인간적인 만남을 가지고 상대방을 이해하려 노력하는 과정에서 만들어진다. 장기적이고도 지속적으로 이어지는 관계를 형성하고, 서로 원칙과 약속을 지키며 비전과 가치관을 공유함으로써 단단한 신뢰를 구축할 수 있다.

이를 잘 보여주는 사례가 있다. 제2경인고속도로 노선을 둘러싸고 서판교, 금토동 주민들과 관계기관들이 무려 10년 넘게 토론하며 협상을 이어가 합의에 이른 사례다.[22]

발단은 2009년 5월에 제2경인고속도로(안양~성남 간) 민자사업의 계획노선이 변경되면서 불거졌다. 애초에 서판교 인근의 서울외곽도로와 나란히 개설될 예정이었으나, 서판교 주민들이 소음문제 등을 이유로 도로 우회를 요구했다. 그런데 노선을 변경하려 하자 이번에는 우회노선에 위치한 금토동 주민들이 반발했다.

사실 이들의 민원은 2002년 4월 최초로 민간제안사업 제안서가 접수되었을 때부터 계속되어온 것이었다. 협상 초기에는 두

지역 간의 이해가 첨예하게 대립해 합의가 불가능해 보였으나, 이후 무려 12년 동안 주민설명회는 물론 11차에 이르는 갈등조정협의회와 11차의 실무위원회를 거치면서 조금씩 접근이 이루어지기 시작했다. 이 과정에서 주민대표들과 성남시가 각각 제안한 방안에 대해 타당성을 검토하고 토론하는 과정에서 기존 승인노선을 변경하는 것은 불가능하다는 사실을 인지하게 되었다. 이에 기존의 틀 안에서 최대한 지역주민의 편의를 제공하는 방안을 마련하기 시작했다. 지역주민들은 지역개발 여건을 확보하기 위해 고속도로 진출입 시설 설치를 요청했고, 국토교통부는 주민들의 요구를 일부 수용해 영업소 인근에 간이 IC를 설치함으로써 2014년 3월, 마침내 최종 합의에 도달했다.

서로 갈등을 빚는 관계였지만 이들은 5년이라는 장기간의 노력을 통해 대화를 계속하며 신뢰를 쌓아갔다. 정부 또한 협상당사자들을 다그치지 않고, 좋은 성과를 이끌어내기 위해 장기적인 시각을 가지고 신뢰를 다졌다. 특히 갈등조정위원회의 일원들은 각기 다른 집단을 대표함에도 불구하고 서로에 대한 믿음을 바탕으로 자칫 갈등이 심화될 수도 있는 위기를 잘 이겨냈다.

신뢰는 개인과 기업, 나아가 한 사회와 국가의 중요한 무형자산이다. 흔히 중국에는 가짜가 많다고 한다. 그 말이 진실이든 아니든, 그런 말을 들은 사람은 제품을 구매하기 전에 한 번쯤 진품인지 가품인지 의심해보게 된다. 반면 사회적 신뢰 수준이 높은 독일에서는 물건을 사면서 대개 별다른 의심을 하지 않을 것이다. 이와 같이 사회나 국가의 신뢰 수준에 따라 똑같은 협상을 하더라도 마음의 태세가 달라진다. 즉 사회나 국가의 신뢰 수준은 사회 내의 다양한 협상을 윈윈으로 이끌어갈 수 있는 중요한 사회적 자본이다. 더욱이 사회적 신뢰 수준은 단기간에 구축될 수 없으며, 오랜 기간 사회 구성원들의 행동이 쌓여서 이루어지는 귀중한 자산이다. 이를 위해서는 법과 질서가 바로 서고, 사회적 리더 및 구성원의 시민의식과 행동이 뒷받침되어야 한다.

협상은 서로 마주본 상태에서 어느 한쪽이 이기고 다른 쪽이 지는 경쟁관계가 아니라, 같은 방향을 보고 주어진 문제를 함께 풀어가는 과정으로 보아야 한다. 그러나 키워진 파이를 언젠가는 나누어야 한다는 데 협상의 딜레마가 있다. 기껏 키워놓은 파이를 공정하지 않게 나누면 애써 추구한 윈윈 협상은 의미를 잃고 만다. 즉 파이를 키움과 동시에 균형 있게 나누어야 한다는 데 협상의 어려움이 있는 것. 이를 푸는 묘수 또한 결국 신뢰다. 균형 있게 나눌 것이라는 기본적인 신뢰가 있을 때 파이를 키우는 윈윈 협상이 순조로이 이루어질 수 있다.

CHAPTER 3
힘이 약하면 협상우위에
설 수 없는가

"기업의 협상력은
회사의 규모나 자금력과 같은
힘에서 나온다."

당신은 이에 동의하는가?

한국의 경영자 100인에게 물었더니
51%가 "그렇다"고 대답했다

回

B사에 기계부품을 납품하는 A사의 김 사장은 이른바 '을'의 억울함을 지울 수 없다. 상대는 대기업이고 자신은 하청업체 처지여서, 가격과 조건을 자신 있게 말하지 못하고 주눅부터 들곤 한다. 강경하게 나가고 싶어도 상대가 거부감을 느껴 불이익을 당할지도 모른다는 걱정이 앞선다. 이렇게 자신감이 없으니 원하는 대로 협상이 될 리 없고, 결과에 만족할 수도 없다.

설상가상으로 B사의 요구는 점점 심해지고 있다. 제품의 구체적인 설계사양과 기반 기술을 알려달라고 하더니, 얼마 전에는 원가구조까지 제시할 것을 요구했다. 이에 응하지 않으면 납품할 수 없다는 협박성 발언도 곁들이면서. B사에 납품할 물품이 이것 하나만이 아닌지라, 김 사장은 울며 겨자 먹기로 그들의 요구를 들어줄 수밖에 없었다. 그러나 그것으로 끝이 아니었다. B사는 원가자료를 기반으로 가격을 더 낮춰달라고 하더니, 급기야 최근에는 김 사장이 제공한 자료를 토대로 유사한 제품을 직접 만들거나 경쟁사인 다른 중소기업에 자료를 주면서 대신 만들도록 하기에 이르렀다.

과연 김 사장이 생각하는 것처럼 협상은 힘의 싸움일까? 정말 그렇다면 애초에 협상을 하는 의미가 있을까?

반면 C기업은 중소기업임에도 B사와의 협상에서 밀리지 않는다. 국내뿐 아니라 세계시장에 부품을 납품하는데, 그들만큼 우수한 제품을 합리적인 가격에 공급할 수 있는 부품업체가 별로 없기 때문이다. 대기업에서 직접 제조하기에는 원천기술 확보나 기술특허 등의 문제가 걸려 있어 쉽지 않다. 그래서 C기업은 출혈경쟁을 하지 않고, 대금도 거의 현금으로 받아내며, 물량도 자신의 생산계획에 따라 주도적으로 결정한다. 무리한 요구를 하는 곳과 굳이 계약하려 하지도 않는다.

같은 중소기업인데 A기업과 C기업의 협상력은 왜 이렇게 다른 것일까?

당신에게는 어떤 대안이 있는가

──────────────── 두 기업의 협상력을 살피려면 두 기업의 객관적 상황부터 알아볼 필요가 있다. 우선 A기업을 보자. A사는 고만고만한 역량을 지닌 경쟁자들이 많다. 그나마 A사가 오랫동안 거래관계를 유지하고 납품경쟁력이 있다고 할 만한 곳은 B사 하나뿐이다. 즉 B사와의 계약이 삐끗할 경우 이렇다 할 대안이 없다는 의미다.

반면 C기업은 규모나 자금력에 상관없이 대안이 다양하다. 국내 대기업은 물론이고 해외 기업과도 거래하고 있기 때문에 B

사와의 협상이 결렬되어도 다른 곳에 좋은 조건으로 납품할 수 있다. 따라서 대기업과의 협상에서 충분한 우위를 가질 수 있다.

협상력bargaining power을 결정하는 것은 회사의 규모나 자금력이 아니다. 회사가 크고 자금력이 있으면 진행 중인 협상이 결렬되더라도 다른 거래처를 구할 가능성은 상대적으로 높겠지만, 그 자체가 협상결과를 좌지우지할 직접적 요인은 아니다. 협상력을 결정하는 직접적인 요인은 당면한 협상이 깨졌을 때 다른 곳에서 얼마나 괜찮은 대안을 확보할 수 있는가 또는 확보하고 있는가 여부다.[23]

이 점을 명확히 이해하려면 협상력과 협상역량negotiation competency을 구분할 필요가 있다. 협상력은 협상대안에 기반한 상대적 협상우위를 가리킨다. 물론 그 대안이란 자신이 가지고 있는 제반 역량을 활용해 만들어질 것이다. 한편 협상역량은 같은 정도의 협상력 즉 협상우위를 가지고 있다고 하더라도 협상팀의 준비, 협상 관련 지식, 경험, 훈련 등을 통해 협상을 효과적으로 수행할 수 있는 또 하나의 기업역량이다. 포커 게임에 비유하면, 자신을 포함한 참여자들이 가진 패는 협상력이고, 이 패를 활용해 게임에서 돈을 딸 수 있는 능력은 협상역량이라 할 수 있다. 말하자면 이 책은 협상력 자체보다는 개인이나 기업의 협상역량을 높이기 위한 전략을 다루는 것이다.

앞의 예에서 대기업인 B사와 강소기업인 C사가 거래한다고 가정해보자. 만일 C사가 가지고 있는 기술이나 제품을 다른 곳에서 구할 수 없다면 B사는 A사에 했던 것처럼 고압적 자세로 C사에 접근하지는 않을 것이다. 자연스레 C사는 자신이 원하는 조건으로 B사에 납품하도록 협상을 주도할 수 있게 된다.

이처럼 자신이 확보할 수 있는 최선의 대안을 '배트나^{BATNA:} Best Alternative To Negotiated Agreements'라 한다. 이론적으로 볼 때 배트나야말로 협상가들이 꼽는 거의 유일한 협상력의 원천이며, 협상과정에서 결과를 결정하는 데 가장 중요한 역할을 하는 요소다. 생각해보라. 협상과정에서 아무리 서로 양보를 주고받아도 상대방이 제시하는 조건이 당신이 확보해둔 대안보다 못하다면 협상을 결렬시키고 대안을 선택하는 것이 합리적이지 않겠는가. 즉 상대방은 최소한 우리가 가진 대안보다는 나은 조건을 제시해야 협상을 성사시킬 수 있다. 우리의 대안이 협상력의 원천이 되는 이유다.

대우자동차는 왜 협상 내내 끌려다녔는가

──────────────────────── IMF 외환위기를 기점으로 한국 기업에 대한 해외 기업들의 M&A가 본격화되었다. 대우자동차도 그중 하나로, 1999년 경영악화로 워크아웃을 선언하면서 글로벌 자동차기업들의 M&A 대상이 되었고, 우선협상대상자로 지정된 포드를 상대로 매각협상이 진행되었다.

그러던 2000년 9월 11일, 대우자동차 구조조정협의회는 포드 협상팀의 태도가 갑자기 달라진 것을 눈치 챘다. 바로 전날까지 포드 협상팀은 대우자동차를 인수하면 어떤 시너지 효과가 있을지 진지하게 토론하고 인수 후 어떤 차종을 공장에 투입할 것인지까지 논의했다. 그러나 9월 11일부터 포드 측은 회의를 연기하는 것은 물론 "상황이 어려워졌으니 기다려달라"고까지 했다. 그때까지 대우자동차 측은 협상이 깨질 것이라고는 한 번도 의심하지 않았다. 이미 폴란드 공장 합작계약서를 포함해 자동차업계에서는 좀처럼 공개하지 않는 모든 기업정보를 포드에 넘겨준 터였다. 그러나 포드는 2000년 9월 15일 협상 결렬을 공식 선언하고 다음 날 협상팀을 한국에서 철수시켰다.

대우 구조조정협의회는 대우자동차의 국제경쟁입찰을 준비할 때부터 허점을 노출시켰다. 가장 큰 허점은 구속력 없는 제안을 하게 했다는 것이다. 2000년 6월 이루어진 국제입찰에서 70억 달러를 제시한 포드 사가 우선협상대상자로 선정되었다. 당시 적정 가격이 3조~4조 원 수준이었던 대우자동차를 7조 7000억 원에 사겠다는 것이었다. 그럼에도 대우 구조조정협의회는 이에 대해 아무런 검증작업도 하지 않고 덜컥 포드를 우선협상대상자로 결정했다. 심지어 예비협상자도 정하지 않았으니, 대우자동차 스스로 포드 외의 전략적 대안을 지워버린 셈이었다. 그 결과 포드가 인수를 포기하자 아무런 대안도 없이 일방적으로 당하기만 했다.

협상기술 면에서도 문제가 없지 않았다. 협상과정에서 중요한 사안은 서류로 만들어 남겨두는 것이 기본인데, 이조차 이뤄지지 않았다. 포드가 우선협상대상자로 선정된 후 대우 구조조정협의회와 포드 간에는 단 한 장의 합의서도 없었다. 즉 협상 내내 순전히 '말'만 오고갔다는 것이다. 국제 비즈니스 협상에서는 논쟁이 벌어질 때 오로지 계약서 같은 서류에 입각해서 논리적이고 법률적인 대응을 하는 게 관례인데 이런 기본적인 절차조차 무시한 것이다. 그 결과 포드가 일방적으로 인수의사를 철회했을 때에도 아무런 손해배상 청구도 할 수 없었다.[24]

이후 2000년 10월 GM-피아트가 인수의향서를 제출하면서 재개된 협상에서도 대안 부재의 문제는 여전히 계속되었다. 정부 고위관리와 채권단은 "대우는 꼭 GM에 매각되어야 한다", "연내까지 대우자동차를 매각하겠다"는 말을 공개적으로 함으로써 자신이 대안이 없으며 시간에 쫓기고 있음을 상대방에게 고스란히 알려주었다. GM은 100년 역사 동안 M&A를 통해 성장한 기업이라 해도 과언이 아니다. 그만큼 인수합병 협상에 관한 경험과 역량이 풍부했다. 상황을 충분히 인지한 GM은 시간을 지연시키며 대우의 애를 태웠다. 또한 대우자동차의 우발채무 등을 이유로 인수가격을 계속 낮춰갔다. 안 그래도 그들이 제시한 12억 달러는 국제입찰 가격의 3분의 1도 되지 않는 수준이었는데, 협상과정에서 가격은 더 떨어져 결국 2002년 4월 체결된 본계약에서 4억 달러의 현금출자로 신설법인을 설립하는 것으로 마무리되었다.[25]

대우 측의 가장 큰 문제는 예비협상자를 정하지 않은 것이었다. 협상이 결렬될 경우에 대한 준비가 되지 않은 상태에서 시간이 경과하면서 매물인 대우자동차의 가치는 계속해서 하락했다. 더욱이 자신의 중요한 정보를 모두 넘겨준 상태에서 아무런 피해보상도 받을 수 없었으므로 협상 결렬시 입을 타격은 매우 컸다. 반면 포드로서는 협상이 결렬되면 한국 시장에 진출할 교두보 확보가 늦어지겠지만 포드의 전체 사업에 미치는 여파는 상대적으로 크지 않았다. 또한 대우자동차에 대해 많은 정보를 얻은 상태에서 협상 결렬에 대한 책임도 없었으니 의사결정의 부담도 별로 없었을 것이다. 이어 진행한 GM과의 협상에서도 대우는 제대로 된 대안을 마련하지 못했다. 시작부터 대우자동차의 협상력은 취약한 상태였고 협상 내내 일방적으로 끌려다닐 수밖에 없었으며, 결과도 좋지 않았다.

대우자동차 매각협상 사례는 대안이 얼마나 존재하는가에 따라 달라지는 협상력과, 협상을 철저하게 준비하고 효과적으로 진행시킬 수 있는 협상역량의 중요성을 동시에 보여준다. 협상 당사자의 대안은 기본적으로 회사의 제반 역량에서 나오지만, 고정된 것이 아니라 협상자가 준비하기에 따라 달라지며 협상하는 중에도 노력에 의해 개선될 수 있다. 그런 점에서 대우자동차 매각협상은 아쉬움이 크다. 대안의 부재라는 문제점 외에도 비전문가로 이루어진 협상단 구성과 팀워크 문제, 정부 · 채권단 · 노동조합 · 사회단체 등 다양한 이해관계자들 사이의 갈등이 그대로 표출되었고, 한국 언론의 무절제한 정보공개 등으로 협상은 더욱 어렵게 진행되었다. 당시 협상대표를 맡았던 산업은행 총재가 "GM에 일방적으로 끌려다닌 대우자동차 매각 같은 비굴한 협상이 두 번 다시 있어서는 안 된다"[26]고 말했을 정도로 실패한 협상의 대표적 사례로 남아 있다.

대안이 확실해야 마지노선이 튼튼해진다

──────────────────── 이상에서 본 것과 같이 협상이 결렬될 것에 대비해 마련해둔 대안은 협상력의 원천이 된다. 만약의 경우 '협상을 깨도 된다'는 여지가 생기기 때문이다. 물론 이 말이 대안만 믿고 쉽사리 협상을 결렬시켜도 된다는 뜻은 아니다. 아무리 손안에 든 떡이라 해도 모든 대안에는 현실적 불확실성이 존재한다. 사전에 철저히 점검해둔 대안이라 해도 조건이 달라지지 않으리라는 보장은 없다. B안으로 염두에 둔 거래처 후보의 거래조건이 계속 똑같이 유지될지, 신규 거래처일 경우 위험요소는 없는지, 대안을 선택하는 것이 우리의 전략이나 방침에 부합하는지 등 고려해야 할 점은 많다.

이 모든 제반사항을 검토하고 경영자와 협상대표가 전략적 판단을 내려 최저조건 또는 유보가격reservation price을 결정하게 된다. 최저조건은 더 이상 양보할 수 없는 '마지노선'이다. 즉 상대방이 이보다 나은 조건을 제시하지 않는다면 협상을 결렬시키겠다는 경영자의 의지 내지는 결정사항인 것이다. 이는 우리의 의지로 정한 주관적인 결정사항이다. 반면 배트나는 자신이 확보한 객관적인 상황 또는 사실이라는 점에서 최저조건과 차이가 있다.

협상의 중요한 원칙 중 하나는 사전에 정한 최저조건은 협상 상황이 바뀌거나 새로운 정보가 있지 않는 한 바꾸지 않는다는 것이다. 즉 아무리 해도 상대방이 우리가 정한 최저조건보다 못한 조건을 제시한다면 과감히 협상을 파기해야 한다는 것이다. 많은 이들이 협상할 때 어떻게든 합의에 도달하고자 하는 경향을 보인다. 그러다 보면 사전에 충분히 준비하고 검토해서 정한 최저조건마저 양보하는 경우가 생긴다. 말 그대로 협상을 위한 협상을 하는 것. 그래서 훈련된 협상가는 최저조건을 미리 정하고 심지어 쪽지에 적어서 주머니에 넣어두기도 한다. 자신이 알고 있던 상황이나 정보가 확실히 틀렸다는 사실을 인지하기 전에는 상대방의 위협적인 설득이나 회유 때문에 최저조건을 바꾸지 않겠다는 것이다.

사전에 정했든 협상과정에서 상대방과 상호작용하며 자연스럽게 정해졌든, 어떠한 협상에서나 당사자들이 정한 최저조건이 있게 마련이다. 서로가 정한 최저조건 사이에 여유공간이 있을 때 협상이 원만하게 타결될 가능성도 높아진다. 물건을 파는 사람은 최저조건을 80원으로 정해놓았고, 사는 사람은 최대 120원까지는 지불할 수 있다고 정했다면 그 중간 어디에선가 거래가 형성될 것이다. 반대로 파는 사람은 120원 이하로 는 안 팔겠다고 생각하고 사는 사람은 80원 이상은 지불할 용 의가 없다면 거래가 성사되기 어려울 것이다. 이처럼 협상당사 자들의 최저조건들 사이에서 만들어지는 여유공간을 '협상가 능영역ZOPA: Zone of Possible Agreements'이라 한다. 협상가능영역이 80~120원 사이로 여유가 있으면 협상은 순조로이 진행될 것이 며, 반대로 양자의 최저조건이 서로 뒤바뀌어 마이너스가 된다 면 어느 한쪽 또는 양자가 자신의 방침을 바꾸지 않는 한 협상은 난항을 겪거나 결렬될 것이다. 그렇다면 이 마지노선은 무엇을 근거로 정해지는가? 바로 배트나다. 협상력의 원천이자 마지노 선의 근거인 배트나는 협상의 향방과 결과를 결정하는 가장 중 요한 요인이 된다.

그런데 여기서 잊지 말아야 할 사실이 있다. 협상당사자는 자 신의 대안과 최저조건을 알 뿐, 상대방의 대안과 최저조건은 모 른다는 것이다. 만일 서로가 서로의 대안과 최저조건을 정확하게 알고 있다면 협상이랄 것도 없이 협상가능영역의 중간점 부근에 서 거의 자동적으로 결과가 정해질 것이다. 반대로 상대방은 우 리의 대안 및 최저조건을 아는데 우리는 그렇지 않다면 그 협상 은 일방적으로 끌려다니다 상대에 유리하게 끝날 수밖에 없다. 협상이란 결국 자신의 대안과 최저조건을 아는 상태에서 상대방 의 정보를 유추해가며 서로 합의에 이르고자 하는 과정이라 할 수 있다.

다윗이 돌을 던지지 않고 골리앗을 이기는 법

──────────────────────── 1980년대 초반
IBM은 세계 최고의 컴퓨터 회사였고 마이크로소프트는 무명의
소기업이었다. 그랬던 마이크로소프트가 업계를 평정한 데에는
IBM과의 협상이 결정적 역할을 했다.

PC를 처음 출시할 당시, IBM은 운영체제를 공급할 회사를 찾
고 있었다. CP/M 운영체제에 기반한 디지털리서치라는 회사가
거론되었으나 정작 이 회사의 경영진이 시큰둥한 바람에 거래
는 성사되지 않았다. 남은 대안은 마이크로소프트의 DOS가 거
의 유일했기 때문에 마이크로소프트는 좋은 조건으로 계약을
체결했다. 1980년 11월 IBM은 마이크로소프트에 총 43만 달러
를 지급하기로 했는데, 이 금액에는 DOS 가격 4만 5000달러, 몇
종류의 16비트 언어 가격 31만 달러, 수정 및 테스트, 컨설팅 비
용 7만 5000달러가 포함돼 있었다.

애초에 IBM은 마이크로소프트가 더 높은 최초가격과 로열티
를 요구할 것이라 예상했다. 그러나 마이크로소프트는 당장의
돈 대신 DOS를 다른 회사에도 팔 수 있는 권리를 요구했다. 판
매권을 확보한 덕분에 마이크로소프트는 IBM이 PC를 팔아서
얻은 전체 이익보다 큰 금액을 DOS를 판매해서 벌어들이게 되
었다.[27]

IBM은 업계의 선도기업이었지만 PC시장의 판도를 잘못 예측
하고 있었다. 마이크로소프트의 빌 게이츠도 처음에는 디지털

리서치의 설립자를 IBM에 소개해줄 정도로 DOS의 중요성에 대해 충분히 인식하지 못했던 것이 사실이다. 그러나 그는 불과 몇 개월 만에 운영체제의 중요성을 깨닫고 DOS의 판매권을 확보하는 계약을 성사시켰고, 외부에서 관련 기술을 사들이는 정성을 보이며 DOS와 관련된 각종 문제를 해결했다.

당시 IBM은 세계 최고의 글로벌 기업이었던 반면 마이크로소프트는 무명에 가까운 조그만 회사였다. 그럼에도 협상에서 마이크로소프트는 전혀 밀리거나 손해 보지 않았다. IBM은 다양한 대안을 마련하는 데 실패해 마이크로소프트가 원하는 거래조건을 들어줄 수밖에 없었다. 더욱이 마이크로소프트가 요구한 계약조건은 자신의 대안을 더욱 다양하게 해주고 강화하는 것이었다. 여차하면 IBM과 관계가 틀어지더라도 다른 업체에 판매할 수 있게 되었으니 말이다.

이들의 사례에서 보듯이, 회사의 규모나 자금력이 협상에 결정적인 요인이라고 할 수는 없다. 그보다는 기술력과 정보력, 통찰력, 무엇보다도 대안의 존재 여부가 협상력에 더욱 중요한 영향을 미친다. 마이크로소프트는 시대의 흐름을 읽고 대안을 추가로 확보할 수 있는 길을 만들어냈고, 글로벌 기업 IBM은 그렇지 못했다.

오히려 자사의 규모나 자금력을 과신했다가 낭패를 당하는 경우도 적지 않다. 자신이 유리한 위치에 있다고 판단되면 상대방에게 무리한 요구도 서슴지 않는 소위 '갑질'도 종종 나타난다. 그러나 막다른 골목에서는 쥐도 고양이를 문다고, 상대방이 어차피 손해 볼 바에야 혼자 죽지는 않겠다고 나설지도 모른다. 약자에게는 '나 죽으니 너도 죽자' 식의 극한처방이라는 최후의 대안이 있음을 항상 염두에 두어야 한다. 다시 강조하지만, 협상력은 규모나 자금력 등의 파워에서 나오지 않는다. 협상력은 대안이 있는지 여부로 파악해야 한다.

건축물, 교량, 터널 등을 안전하게 짓기 위해서는 향후 예상되는 각종 하중을 비롯해 바람, 태풍, 지진 같은 자연재해에 안전한지 미리 검증해야 한다. 비용을 줄이는 경제적인 설계도 필수다. 앞서 소개한 마이다스아이티는 이런 것들을 설계 단계에서 컴퓨터 시뮬레이션을 통해 시험해볼 수 있는 프로그램을 개발해 판매한다.[28] 세계 최고층 빌딩인 두바이 부르즈칼리파 빌딩, 세계 최장 사장교인 러시아의 러스키 아일랜드 브리지를 비롯해 상암 월드컵 경기장, 베이징 올림픽 주경기장, 인천대교 등 세계적인 구조물들의 설계에 이들의 구조분석 소프트웨어가 사용되었다.

마이다스아이티는 초기부터 글로벌 시장을 목표로 하고 첫 번째 공략대상을 일본으로 정했다. 일본의 구조분석 소프트웨어도 기술적으로는 우수했으나 그래픽 인터페이스는 마이다스아이티 제품이 월등했다. 이 점을 내세워 일본의 CAE 소프트웨어 회사와 대리점 계약을 맺고 제품을 판매한다는 것이 이형우 사장의 전략이었다. 일본 회사에서 마이다스아이티의 제품을 판매하고, 이익은 반으로 나누자는 것이 제안의 골자였다.

그는 일본의 업계 1~4위 기업을 차례대로 접촉했다. 그러나 기술력은 뛰어났지만 회사 규모가 크지 않았기 때문에 그들의 제안은 좀처럼 받아들여지지 않았다. 업계 1위 기업인 KKE를 시작으로 2, 3위 기업도 마이다스아이티의 제안을 정중히 거절했다. 반응은 4위 업체에게서 왔다. 후발주자였던 이 회사는 마이다스아이티의 기술력이 더해지면 일본 시장에서 정상을 차지할 수 있을 것이라 판단했다.

두 회사가 계약 체결을 목전에 두고 있을 때, 소식을 전해들은 KKE가 다급히 마이다스아이티에 연락을 해왔다. 마이다스아이티는 KKE와 다시 상담을 진행했고, 결과적으로 1위 업체와 제휴관계를 맺게 되었다. 마이다스아이티가 4위 업체로부터 확보한 대안이 협상력의 원천이 되어 1위 업체와 성공적으로 협상을 마무리할 수 있었던 것이다. 이 사장은 두 가지 조건을 제시했다. 1년간의 예상 판매대금 약 4억 원을 선불로 지불해달라는 것과, 1년 후 기존의 보급 프로그램을 마이다스아이티 제품으로 교체하는 프로모션을 실시하자는 것이었다. KKE는 이 같은 파격적인 조건도 받아들였다.

마이다스아이티는 규모나 자금력으로 볼 때는 지금도 중소기업이지만 독보적인 기술과 서비스를 보유하고 있다. 건설 엔지니어링 회사인 고객사들은 마이다스아이티의 제품 이외에 마땅한 대안을 가지고 있지 못하다. 다른 기업의 제품들은 자료 입력이 불편하고, 그래픽으로 구조분석 결과를 구현하는 기능이 떨어지며, 맞춤형 서비스 제공이 제대로 이루어지지 않는다. 사정이 이렇다 보니 그들의 협상대안BATNA도 취약할 수밖에 없다. 반면 마이다스아이티는 눈앞의 협상대상 외에도 세계 유수의 엔지니어링 회사들을 잠재적 대안으로 확보해두었기에 협상력이 강하다. 이들과 협업하기 위해 세계 유수의 건설, 건축 엔지니어링 소프트웨어 업체들이 자진해서 한국에 방문하는 것만 보아도 마이다스아이티의 협상우위를 짐작할 수 있다.

이와 같이 기업이나 개인의 협상력은 당면한 협상이 결렬될 경우의 대안이 얼마나 양호한가에 의해 결정된다. 좋은 대안의 확보 여부는 기본적으로 회사의 제반 역량에 영향을 받는다. 그러나 회사 역량이 우수하다고 하여 대안이 저절로 확보되는 것도 아니며, 기존에 확보된 역량이 영원한 것도 아니다. 회사의 기본 역량이 같더라도 협상담당자들이 얼마나 적극적으로 정보를 탐색하고, 새로운 대안을 모색하며, 이미 확보한 대안을 얼마나 개선하느냐에 따라 협상결과는 크게 달라진다. 전자제품 하나를 사더라도 인터넷에서 정보를 검색하고, 매장에 전화해보고, 몇몇 매장을 방문해서 가격을 문의하고 흥정해가며 대안을 개선해가지 않는가. 그런 다음 '어느 매장은 여기보다 더 잘해준다더라'라며 더 나은 조건을 요구한다. 더 나은 대안을 마련함으로써 더 나은 협상을 할 수 있음을 우리는 이미 알고, 생활에서 실천하고 있다. 그 원리를 그대로 비즈니스 협상에 적용하면 된다.

대안에 대한 착각에 빠지지 말라

——————————— 이사할 집을 구하기 위해 부동산 업체를 방문할 때마다 느끼는 점이 있다. 내가 관심 있는 매물은 항상 인기가 있더라는 것이다. 실제로도 그런지는 모르지만, 중개인들은 그 부동산을 보러 올 사람이 많다면서 수첩을 꺼내 보이곤 한다. 오늘 당장 결정하지 않으면 계약할 수 없을 것처럼 말한다. 안 그래도 마음에 들었는데 경쟁자가 있다고 하니, 괜히 마음이 급해져서 얼른 먼저 계약해야 할 것 같은 생각이 든다. 더러는 원래 예산을 초과하는데도 깎아달라고 요구하지 못하고 부담스러운 계약을 하기도 한다. 상대방이 가진 실제 대안이 아닌, 대안에 대한 우리의 인식을 좇아 판단하고 협상한 결과다.

대안이 협상의 향방을 좌우하긴 하지만, 개별적인 협상에는 저마다의 특수한 상황이 있다. 앞에서 본 마이다스아이티는 구조분석 소프트웨어 업체가 많지 않고 서로에 대해 잘 알고 있기에 협상상대가 어떤 대안을 확보할 수 있는지 쉽게 파악할 수 있다. 그러나 대개의 경우는 상대방에게 대안이 있는지, 그 수준은 어느 정도인지 정확히 안다고 장담하기 어렵다.

여기에서 이른바 '심리전'이 실제 상황보다 협상에서 더 큰 영향을 미칠 수 있다. 서로가 '실제로' 가지고 있는 대안과 별개로, 서로의 대안에 대해 '내가 어떻게 인식하고 있는가'가 협상 결과에 더 큰 영향을 미치는 것이다. 실제로는 그렇지 않더라도, 상대방이 강력한 대안을 가지고 있을 거라 생각하는 순간 내 입지는 좁아질 수밖에 없다.

내가 가진 대안에 대해서도 마찬가지다. 내가 가진 대안의 '객관적 가치'도 중요하지만, 그것을 상대방이 얼마나 가치 있게 평가하는가 하는 '주관적 인식'도 협상결과에 큰 영향을 미친다. 서로의 객관적 상황과 주관적 인식의 상호작용이 얽히고설켜 협상결과를 만들어내는 것이다.[29]

코미디 영화에서 하루 종일 손님을 기다리던 신생회사의 사장이 막상 고객이 방문하면 오지도 않은 전화를 받는 척 바쁜 시늉을 하는 장면을 흔히 보는데, 이 또한 자신의 보잘것없는 대안을 숨기고 상대방의 인식을 바꾸어놓으려는 시도다. 따라서 상대방의 대안을 평가할 때에는 우리의 판단 근거가 상대방에 대한 객관적 자료인지, 상대방에 의해 만들어진 우리의 주관적 인식인지 구분해야 한다. 마찬가지로 우리의 대안에 대해 상대방이 어떻게 인식하고 있는지 알고 잘 관리하는 것 또한 중요하다. 그렇다고 무작정 우리의 대안을 부풀리라는 것은 아니다. 한 번의 협상을 위해 꼼수를 쓰다가 장기적인 신뢰를 잃을 수도 있으니 말이다.

상황에 대한 인식이 실제 상황보다 협상결과에 더 중요한 영향을 미치는 것은 인간의 제한된 합리성 때문이다.[30] 보통의 인간은 합리성을 추구한다. 즉 협상상황에서 서로에게 가장 좋은 것을 잘 알고 있고, 각자의 대안을 알고 있으며, 서로에게 가장 좋은 협상결과를 만들어내기 위해 노력한다고 생각한다. 그러나 실제로는 어느 누구도 그처럼 완벽한 정보를 가지고 있지 않으며, 완전히 합리적으로 의사결정하거나 상호작용하지도 못한다. 어떤 협상결과가 자신에게 최선일지 확실히 알지 못하고, 자신의 대안에 대해 지나치게 낙관적이거나 비관적으로 오해하기 쉬우며, 상대방의 대안에 대해서도 자신의 주관을 더해 평가하게 된다. 나아가 상대방의 의도를 오해하기 쉬우며, 서로 양보한 것에 대한 가치나 상대방의 의견에 대해서도 자의적으로 해석한다.[31]

협상자들은 일반적으로 자신의 대안은 지나치게 낙관적으로 판단하고 상대방의 대안은 과소평가하는 경향이 있다.[32] 협상에서 자신의 통제범위를 과대평가하고, 심지어 객관적 상황이 전혀 그렇지 않은데도 자신이 상대방의 결정을 통제할 수 있다고 오판하기도 한다.[33]

그렇다면 우리는 자신에 대해 어떤 과대평가를 할까? 대기업이 가장 흔히 하는 과대평가는 바로 이 장의 첫 질문, 즉 규모나 자금력에서 협상력이 나온다는 믿음이다. 이들은 회사의 규모나 자금력을 자신들의 실제 대안과 섞어서 생각하곤 한다. 반대로 중소기업은 같은 이유로 자신들의 대안과 협상력을 과소평가하곤 한다. 우리 사회에 만연한 대기업의 소위 '갑질' 횡포가 쉽사리 개선되지 않는 이유이기도 하다.

그러나 그들이 인식하든 못하든, 중소기업에도 최후의 대안은 있다. 협상결렬이다. 물론 이는 파괴적 대안이다. 협상이 결렬되면 중소기업은 도산할 수도 있고, 대기업도 거래처를 잃거나 사회여론이 악화돼 시장을 잃을지 모른다. 어쩌면 대기업은 가진 것이 많으므로 잃을 것도 더 많기 때문에 절대적으로 더 큰 피해를 입는 것은 대기업이 될 수도 있다. 협상당사자들은 직접 또는 간접적인 형태로 사회적 연관관계를 가지고 있기 때문에 협상결과는 양쪽 모두에게 영향을 미칠 수밖에 없다. 협상에서 일방적인 관계는 성립하지 않는다는 것이다.

최후의 대안이 가지는 파괴적 영향력은 사안의 크기에 비례한다. 개인 간의 협상보다는 기업 간의 협상, 그보다는 국가 간의 협상에서 '결렬'이 초래하는 결과는 더 심각해진다. 북한의 핵무기 벼랑끝 전술이 통하는 이유는 자신은 더 이상 잃을 것이 없다고 생각하거나, 적어도 그렇게 연출하는 데 성공하고 있기 때문이다. 북한은 벼랑끝 외교와 자살적인 도발위협을 통해 한미 양국으로부터 북한 정치권의 실체 인정, 체제의 안전 보장, 경제적 지원을 획득해왔다. 그동안 북한은 회담을 진행하면서도 한편으로는 핵무기를 지속적으로 개발하는 이중적인 전략을 취해왔다.[34] 협상이 결렬될 경우 핵전쟁도 불사하겠다는 메시지를 계속해서 보내는 것이다. 말하자면 핵전쟁은 북한의 배트나인 셈. 그 피해는 당연히 북한에 한정되지 않는다. 협상이 결렬될 경우 양측은 극한 대립에 돌입하거나 함께 파국을 맞을 수 있다. 국가 간 협상, 특히 첨예한 갈등상황에서의 협상이 특히 어려운 이유다.

실험에 의하면 협상자들이 자신 및 상대방의 대안에 대해 확실한 정보를 알게 될수록 협상결과도 좋아지는 것으로 나타났다.[35] 즉 서로의 대안을 정확히 알수록 자기 입맛대로 유리하게 해석하는 경향이 줄어들고, 서로 양보하고 합의에 이르고자 노력해 좋은 결과를 낳는다는 것이다. 자신과 상대방의 대안에 대해 억측과 착각을 버리고, 서로를 이해하며 협상에 임해야 할 이유가 여기에 있다.

PART 2
전략의 오류를 범하지 말라

CHAPTER 4

입장을 바꾸면
지는 것인가

"협상에서
좋은 결과를 얻으려면
강경하게 나서서
자신의 주장을
관철해야 한다."

당신은 이에 동의하는가?

한국의 경영자 100인에게 물었더니
19%가 "그렇다"고 대답했다

回

A기업의 김 사장은 종종 상대방의 말에 설득당해 손해를 본다고 생각한다. 협상할 일이 생길 때마다 자신이 최초에 내세운 입장을 굽히지 않겠다고 다짐하지만 생각처럼 쉽지 않다. 김 사장이 무슨 말을 해도 상대방은 귓등으로도 듣지 않고 자기 입장만 고수해서 관철시키니, 결국 김 사장이 양보할 수밖에 없다. 이런 일이 반복될수록 김 사장은 최초의 입장을 바꾸는 것은 곧 협상에서 밀리거나 지는 것이라는 생각을 하게 된다. 상대방의 입장을 이해하거나 수용하지 않는 것이 협상을 잘하는 최선의 방법이라고 여기게 되는 것이다.

처음부터 양쪽의 입장과 요구조건이 맞는 협상은 거의 없다. 물건을 파는 입장에서는 좀 더 비싸게 팔고자 할 것이고, 사려는 사람은 좀 더 싸게 사려고 하는 게 당연하다. 파는 입장에서는 대금을 빨리 받기 원하는 반면 사는 입장에서는 지급일에 쫓기고 싶어 하지 않을 것이다. 파는 입장에서는 제품인도일이 여유 있는 편이 좋겠지만 사는 입장에서는 빨리 받기를 원할 것이다. 이처럼 어긋나는 서로의 이해와 기대를 어떻게 조율해야 윈윈의 결과를 이끌어낼 수 있을까? 김 사장의 생각처럼 자신의 입장을 굽히지 않고 상대방의 양보를 얻어내는 것이 최선일까?

여러 차례 강조했지만, 협상은 항상 상대방이 있다는 사실을 잊어서는 안 된다. 서로가 상호작용하는 가운데 협상결과가 나온다. 내 입장만 고수하는 것은 상대방의 양보를 부르는 것이 아니라, 상대방도 자신의 입장을 고수할 수밖에 없도록 유도하는 결과를 낳을 뿐이다. 이처럼 자신의 입장만 주장한다면 협상이 진전될 수 없다. 그렇다면 먼저 양보하라는 말인가? 2장에서 말했듯이 나는 양보했는데 상대방은 하지 않는다면 결과적으로 나만 손해를 보게 된다.

입장이 아닌 목적에 초점을 맞추라

─────────────────── 서로의 엇갈린 마음을 모으려면 우선 '저쪽이 왜 저러는지' 알아야 한다. 여기서 혼동하지 말아야 할 것이 있다. 바로 '목적'과 '입장'의 차이다.

목적interest은 협상당사자가 협상을 하는 진짜 이유다. 이것을 이해하면 초반에 입장 차이가 있어도 의외로 쉽게 합의에 도달할 수 있다. 협상은 결국 양자가 자신의 목적을 달성하기 위해 협의하는 과정이기 때문이다. 개인이든 기업이든 협상을 할 때에는 대개 몇 가지 목적을 동시에 추구하게 마련이다. 예컨대 파는 쪽은 가격도 올리려 하고 대금지급일도 앞당기려 한다. 그런데 이야기를 들어보니 그들의 가장 큰 골칫거리는 현금흐름이었다. 그래서 현금을 빨리 확보할 수 있다면 가격이 좀 낮더라도 받아들일 의사가 있다. 이 같은 이면의 목적을 안다면 사는 쪽은 대금을 빨리 결제하는 대신 싼 값에 물건을 확보해 좋은 조건에 되팔 수 있다.

그런데 협상 테이블에 앉은 양측은 각자 주장을 펼쳐가면서 자신이 의도적, 비의도적으로 선택한 입장position을 취하게 된다. 설령 목적이 똑같더라도 어떤 사람은 공격적이고 강한 입장을 취할 수도 있고, 어떤 사람은 협력적이고 유연한 입장을 취할 수도 있다. 상식적으로 물건을 파는 사람은 비싼 값에 팔려는 입장을 취할 것이며, 사는 사람은 싼 값에 사려는 입장을 취할 것이다. 우리가 흔히 말하는 '갑을 관계'에서도 갑의 입장, 을의 입장이 있다.

협상 테이블에서 부딪치는 것은 기실 목적이기보다는 입장인 경우가 많다. 서로 주장하는 입장이 상반되더라도 그 이면의 다양한 목적들을 알고, 서로의 목적을 동시에 만족시킬 수 있는 방법을 찾는다면 합의에 도달할 수 있다. 말하자면 나의 목적을 달성시킬 수 있는 다양한 입장 가운데 상대방에게도 충족될 만한 것을 찾는 것이다. 이는 곧 합의점을 찾는 과정이기도 하다.

예를 들어 A기업으로부터 공장을 사려고 하는 B기업의 애초 입장은 당연히 낮은 가격에 구매하는 것으로, A기업과는 상반된다. 그러나 B기업의 진정한 목적은 최대한 빨리 시설을 확보하고 대규모 복합단지를 구성해 미래의 사업비전을 달성하고자 하는 것이다. 진정한 목적이 파악되면 서로의 상반된 입장을 극복하고 합의점에 도달할 실마리를 찾을 수 있다. A기업은 가격을 조금 낮추더라도 빠른 시일 내에 자금을 확보해 새로운 사업기회에 투자하여 더 큰 이익을 낼 수 있다면 자신이 원하는 진정한 목적을 달성하게 된다. B기업 역시 대금을 신속히 지급하는 조건으로 모든 거래를 앞당겨서 마무리하고 빠른 시일 내에 공장시설을 확보해 자신의 목적인 미래 사업에 조속히 착수할 수 있다. 즉 A기업이 높은 가격을 요구하는 입장에서 신속한 대금회수를 우선하는 입장으로 전환한다면, 동시에 B기업이 낮은 가격을 주장하는 입장을 바꾸어 신속한 건물확보를 우선시하는 입장으로 바꾼다면 양측 모두 가장 중요한 목적을 달성할 수 있게 된다.

'목적 중심의 협상'으로 가장 친근한 예는 그 유명한 '서희의 담판'이다.

993년 거란의 장수 소손녕은 고려가 영토를 침범하고 있으므로 징벌하고자 왔다는 말을 퍼뜨리고, 고려에 글을 보내 80만 군사가 왔으니 항복하라고 했다. 이에 협상을 위해 서희가 파견되었는데, 이들은 상견례 때부터 예법을 내세워 신경전을 벌이며 팽팽히 맞섰다. 마침내 이루어진 첫 협상에서 소손녕이 말했다.

"당신의 나라는 신라 땅에서 일어났고 고구려의 옛 땅은 거란의 소속인데 고려가 침식했다. 또 고려는 거란과 연접해 있으면서도 바다 건너 송나라를 섬기는 까닭에 이번 정벌을 하게 된 것이다."

그러나 그와 마주한 서희는 송나라에 외교사절로 다녀온 바있고, 국방정책을 수립하는 병관어사를 지낸 경험도 있는 베테랑이었다. 그는 국제정세에 대한 깊은 이해를 토대로, 진군은 하지 않으면서 항복만 강요하는 거란의 움직임에서 협상 가능성을 포착했다. 얼핏 보기에 거란의 입장은 무조건 항복을 요구하는 강경 일변도였지만, 서희는 거란이 송 및 여진과 대치하고 있던 터라 후방의 안전을 확보해야 했고, 그러기 위해서는 고려의 복속이 중요하다는 점에 주목했다. 그래서 여진으로부터 거란이 빼앗은 압록강 서쪽의 옛 고구려 땅을 고려에게 돌려주고 길을 낸다면 거란과 국교를 맺을 수 있다고 제안한 것이다. 거란 또한 자신의 진정한 목적인 후방의 안전을 도모할 수 있는 방법이므로 서희의 제안을 마다할 이유가 없었다. 비록 송나라와의 관계를 단절하는 대가를 치렀지만, 이로써 고려는 눈앞의 전쟁을 피하고 이전 고구려의 영토를 회복한다는 중요한 목적을 달성했다.

이처럼 극한의 입장이 대치한 전쟁 상황에서도 이면의 진정한 목적을 면밀히 검토하면 접점을 찾고 공동의 목적을 달성할 수 있다.[36]

20세기 최고의 협상 성공작이라 일컬어지는 '캠프 데이비드 협상' 역시 목적에 집중함으로써 창조적 대안을 찾은 사례다.

1967년 6월 5일 이집트와 이스라엘의 국경분쟁 와중에 이스라엘 군이 전격적으로 시나이 반도를 침공했다. 불과 6일 만에 이스라엘 군에 점령된 시나이 반도는 이후 10년간 그들의 지배 하에 있었다. 그러다 1978년 9월, 미국 워싱턴 근교의 캠프 데이비드에서 지미 카터 대통령의 주선 하에 이집트의 사다트 대통령과 이스라엘의 베긴 수상이 평화협정을 위한 협상을 진행했다. 이들은 13일간의 협상 끝에 9월 17일 합의안에 서명했다.[37]

　　당시 협상에는 난제가 수두룩했다. 우선 이스라엘이 반환할 지역이 어디까지인지에 대해서도 입장이 달랐다. 시나이 반도, 가자지구, 요르단 서해안 등 반환범위에 대한 이견이 좁혀지지 않았다. 이집트는 시나이 반도의 완전한 반환을 요구한 반면, 이스라엘은 부분반환을 고집했다. 이집트로서는 결코 받아들일 수 없는 안이었다. 그런가 하면 이집트가 주장하는 완전반환은 전쟁 이전의 상태로 돌아가자는 것이므로 이스라엘로서도 받아들일 수 없었다. 열흘이 지나도록 진척 없이 협상은 교착상태에 빠졌고 결렬 직전에 이르렀다. 입장 차이를 좁힐 여지는 전혀 없어 보였다.

　　이럴 경우 입장의 이면에 있는 각국의 진정한 이해관계를 살펴보아야 한다. 시나이 반도는 수천 년간 이집트의 영토였다. 따라서 이집트는 주권국으로서 명예와 영토회복이 진정한 목적이었다. 한편 이스라엘의 진정한 목적은 아랍 국가들에 둘러싸인 자국의 안전을 확보하는 것이었다. 입장은 정반대였지만 목적은 서로 대치되지 않았던 것. 여기에 해결의 실마리가 있었다.[38] 즉 시나이 반도에서 이스라엘 군대가 완전히 철수하고 반도 전체를 이집트에 반환하되, 이스라엘 국경에 인접한 지역을 비무장화하는 것이었다. 그렇게 함으로써 이집트는 영토와 명예를 회복하고, 이스라엘은 자국민의 안전을 보장할 수 있게 되었다. 이 회담 결과 중동지역에 평화가 찾아왔고, 두 나라의 정상은 공로를 인정받아 노벨평화상을 수상했다.

입장 속에 숨어 있는 진정한 목적을 찾으라

──────────────────── 1990년대 중반 두산 그룹은 미래전략 수립을 위해 글로벌 컨설팅 회사의 자문을 구했다. 그 결과는 가히 충격적이었다. 당장은 사업이 잘되는 것 같지만 미래의 사업기반이 취약하므로, 훗날을 기약하려면 기존의 사업을 정리하고 새로운 사업을 시작해야 한다는 것이었다. 회사의 최고경영층은 과감하게 기존 사업들을 매각하기로 결정했다.

그러나 매각은 생각처럼 쉽지 않았다. 애초에 그들에게 가치가 적은 부문을 먼저 내놓았는데, 그런 사업은 상대방에게도 가치가 없었던 것. 그들이 그룹의 수익을 견인하던 맥주, 음료 사업을 매각하기로 하고서야 전략적 구조조정이 성공적으로 마무리되었다. 이때의 경험은 이후 두산이 신규사업을 인수하는 협상을 할 때 큰 도움이 되었다. 입장을 바꾸어 바라봄으로써 상대방은 과연 어떤 목적으로 협상에 나서는지 더 잘 이해할 수 있었던 것이다. 즉 단순히 기업을 사고 파는 입장이 아니라 왜 그 같은 요구를 하는지 파악하고 이를 충족시켜 줌으로써 성공적인 협상이 가능했던 것이다.[39]

어떠한 협상이든 입장에 초점을 맞추면 타결되기 어렵다. 우리 사회에 집단 간 갈등이 깊어지는 것도 서로가 각자의 입장만을 고수하고 진정한 목적에 초점을 맞추는 데에는 익숙지 않기 때문이다. 국회에서 여야 간 정치공방을 벌이는 것도 궁극적으로는 국민의 지지를 얻고 나라를 발전시키기 위함 아닌가. 그러나 자신의 입장만 고수하여 극한상황으로 치닫다가는 나라의 발전은 고사하고 양자가 모두 국민의 지지를 잃을 뿐이다. 노사 간에 임금이나 근로조건을 놓고 줄다리기를 하는 것도 결국은 모두 잘 살자고 하는 것이다. 이때에도 각자의 입장만 고수한다면 협상은 진전되지 않고 파국으로 갈 수밖에 없다. 그 결과는 모두에게 손해다. 이러한 현상이 사회 곳곳에서 나타나고 있다.

이럴 때일수록 황금률을 기억해야 한다. 상대방의 시각에서 생각해보면 서로의 입장 뒤에 있는 진정한 목적을 알 수 있다. 저 사람은 왜 그러한 입장을 취하는 것인지, 그럼으로써 진정으로 얻고자 하는 목적이 무엇인지 파악하는 것이다. 아무리 입장이 정반대라 해도 협상에 임한다는 것은 무언가 원하는 바를 가지고 접점을 모색하고 있다는 뜻이다. 그러니 서로의 진정한 목

적을 이해하자. 목적을 알고 창의적인 대안을 마련함으로써 윈
윈 협상에 다가갈 수 있다.

목적을 알면 창조적 대안이 보인다

──────────────── 2006년 8월, 한국철도시설공
단은 호남고속철도 정읍역사의 기존 역사를 철거하고 지상역사
를 신축하는 기본계획을 마련했다. 이후 설계를 완료해 2011년
12월 공사를 시작할 예정이었다.[40]

그러나 문제가 생겼다. 공단이 역사 신축 및 역세권 개발에 시
간이 걸린다는 이유를 들어 기존 역사를 활용하는 방안으로 계
획을 변경한 것이다. 이에 지자체 및 지역사회가 일제히 반발했
다. 정읍시는 역사 신축과 지하차도 건설을 통한 역세권 개발을
주장했다.

정읍시와 의회는 2009년 5월부터 공단에 정읍정거장 구간 교
량화를 건의했으나, 공단이 받아들이지 않았다. 이에 정읍시는
다시 정읍역을 통과하는 지하차도 및 선상역사 건설을 요구했
다. 이 안을 공단이 받아들여 공사를 착공하는 단계에까지는 이
르렀으나 시설규모를 재검토해야 한다는 이유로 다시 공사발주
가 보류되었다. 결국 이 문제는 2012년 들어 사회적 이슈로 떠
오르며 지역사회 갈등이 첨예해졌다. 정읍시는 항의 성명을 내
고 공단 이사장과 국토부 장관실을 항의 방문했다. 공단 이사장

이 정읍시를 방문해 설명하고 지역사회 지도층 인사와 차례로 면담했지만 갈등은 해소되지 않았다.

이들의 입장이 이렇게 대치하게 된 이유가 무엇이었을까?

먼저 한국철도시설공단은 호남고속철도 건설사업의 비용 부담이 크고, 부채가 지나치게 증가할 우려가 있으므로 신중하게 예산을 집행해야 했다. 경부고속철도 건설개통으로 이미 많은 부채가 생겼던 터라 예산을 절감하기 위해 단계별 역사 건설이라는 방안을 내놓은 것이다. 반면 고속철도가 들어서면 정읍은 전라남도와 전라북도를 잇는 교통 중심지가 될 것이므로, 정읍시로서는 그에 걸맞은 대규모 투자가 필요했다. 이미 기존의 설계에 맞춰 20년간의 사업비 및 역세권 개발계획을 세웠으며, 용지 보상비 13억 원 등 70억 원의 막대한 예산을 투입한 터였다. 또한 지하차도와 선상역사를 만들지 않으면 역과 철로를 기준으로 정읍시가 동서로 단절되는 문제도 있었다.

이들의 협상이 타결되는 데는 무려 6년의 시간이 걸렸다. 묘수는 '단계별 건설'을 활용하는 데 있었다. 한국철도시설공단은 호남고속철도 건설사업 1단계 준공에 맞춰 선상역사를 건설하고 왕복 4차선 규모의 지하차도를 건설하기로 했다. 정읍시는 이 사업이 적기에 준공될 수 있도록 정주고가교 철거, 토취장 개발 및 개별 법령에 의한 인·허가 등 제반 행정절차 이행에 적극 협조하기로 했다. 또한 지하차도 및 선상역사 신설에 대해 더 이상의 이의를 제기하지 않기로 했다.

도시철도공사는 단계별 건설을 추진함으로써 원하던 대로 예산을 절감하고 정읍시의 행정적 협조를 얻어 적기에 호남고속철도를 준공할 수 있었다. 정읍시 또한 선상역사 개발에 따른 경제효과를 기대할 수 있고, 지하차도를 개통해 도시의 균형발전을 꾀할 수 있게 되었다. 겉으로 보이는 갈등 이면의 이해관계에 초점을 맞춤으로써 모두가 만족할 대안을 찾은 것이다.

겉으로 드러나는 입장이 무엇이든, 이면에는 협상을 통해 얻고자 하는 다양한 목적이 있다. 더욱이 조직과 조직, 국가와 국가 간 협상처럼 다양한 이해관계자가 있는 협상은 목적과 입장도 다양하게 마련이다. 심지어 협상에서 한 팀을 이룬 사장과 실무자의 목적도 같다고 생각하면 오산이다. A사와 B사가 공동 제품개발을 위한 제휴협상을 한다고 가정해보자. 제휴를 통해 파이를 키우고 서로의 이익을 극대화한다는 기본 목적은 같으나 세부적으로는 다양한 목적과 그에 따른 다양한 입장이 존재하게 된다. 실무자는 기술적으로 조금 미진한 점이 있어도 하루 빨리 제품을 출시해 단기적인 성과평가를 좋게 받는 것이 목적일 수 있다. 반면 CEO는 장기적인 성과가 개선돼 자신의 스톡옵션 가치가 극대화되기를 원할 수 있다. 이처럼 다양한 목적들 가운데 자신과 상대방을 동시에 만족시킬 수 있는 공통된 입장, 즉 합의안을 찾는 것이야말로 협상을 잘하는 첩경이다.

CHAPTER 5

원하는 것을 말하면 불리해지는가

"협상을 통해
우리가 진정으로
얻고자 하는 것을
상대방에게 알리면
손해를 본다."

당신은 이에 동의하는가?

한국의 경영자 100인에게 물었더니
46%가 "그렇다"고 대답했다

回

　A기업의 김 사장은 자금압박을 받고 있다. 하긴 중소기업 현실에 자금압박은 어제오늘 일이 아니다. 우수한 제품을 납품하고도 제때 대금을 받기란 쉽지 않다. 그래서 이번 납품협상에서는 대금을 빨리 받는 것이 무엇보다 중요하다.

　하지만 이런 바람을 말했다가 자칫 상대방에게 약점을 잡히는 건 아닐까? 아마 상대방은 결제를 빨리 해주는 대신 가격을 더 깎겠다고 나설 게 분명하다. 차라리 같은 가격에 품질을 더 높여서 납품하는 편이 회사의 이미지를 높이는 데에도 좋을 텐데, 그렇게 제안했다가는 가격도 인하하면서 품질도 높이라고 할까 봐 쉽사리 말을 꺼내지 못하는 형편이다. 고민 끝에 일단 김 사장은 자금사정이 급하다는 것을 가급적 알리지 않고 협상을 끝내보기로 한다.

　많은 분들이 김 사장과 비슷한 고민을 한 번쯤 해봤을 것이다. 원하는 것을 대놓고 말하는 것이 마치 일찍 패를 보여주는 것 같아서 꺼림칙하기도 하고, 손해 볼 것 같아서 걱정되기도 한다. 과연 자신이 얻고자 하는 것을 상대방에게 알리면 손해를 보게 될까?

그러나 협상의 본질은 상대방에게서 원하는 것을 얻는 것 아닌가. 그런데 자신이 원하는 것을 알리지 않는다면 과연 그것을 획득할 수 있을까? 물건 값 흥정을 떠올리면 쉽다. 어떤 사람은 백화점에 가서도 가격을 깎는데 어떤 사람은 흥정이 관례화된 시장에서도 체면 때문에 할인을 요구하지 못한다. 손님이 깎아 달라고 말하지 않는데 먼저 할인해줄 상인은 별로 없을 것이다. 마찬가지로 김 사장이 대금을 빨리 받을 필요가 없는 것처럼 행동하면 상대방은 김 사장의 자금사정이 좋을 것으로 생각할 터이므로 그에 대한 고려를 하지 않을 것이다.

그러니 원하는 것이 있다면 그것을 알려야 받을 수 있다.

오렌지를 원한다면 오렌지를 달라고 해야 하다못해 금귤이라도 받을 수 있다. 생선을 달라고 하면 오렌지는커녕 금귤을 받기도 어려울 것이다. 자신이 오렌지를 원한다고 알리고 상대방에게도 무엇을 원하는지 알려달라고 해야 한다. 그래서 상대방이 내가 가진 닭고기를 원한다는 것을 알게 되면 협상은 의외로 쉽게 풀릴 수 있다.[41]

요구하지 않은 것은 받을 수 없다

———————————— 협상을 하다 보면 가끔 다 가지려 하는 사람이 있다. 그러나 최고 품질의 제품을 최저가격에 즉시 납품받고 (그것도 외상으로!) AS는 무상으로 받는 것은 불가

능하다. 다 가질 수 없으니 우선순위가 있는 것이다. 무엇을 가장 원하는가, 이는 협상을 하게 된 진정한 목적과 연결된다. 물건을 구입할 때 저렴한 가격을 원하는지, 비싸더라도 품질이 좋아야 하는지, 배송료를 부담하더라도 빨리 받아야 하는지, 결제를 나중에 하고 싶은지, 장기적인 AS 조건이 중요한지 등, 상황에 따라 원하는 것이 달라지고, 협상과정과 결과도 달라진다.

그러니 원하는 것을 말할 때에는 가격, 수량, 품질, 대금지급 방법, 제품인도 시기, 하자보수 조건, AS 조건 등 여러 가지 의제 중 자신에게 중요한 순서를 밝히는 것이 필요하다.[42] 그래야 상대방의 우선순위와 비교해 각자에게 중요한 것을 취하고 덜 중요한 것을 양보할 수 있기 때문이다. 구매자로서 무엇보다 납기가 중요하다면 그것을 알리고 제품을 빨리 받는 대신 대금지급을 앞당겨줄 수 있을 것이다. 반대로 장기적인 브랜드 가치를 높이기 위해 전사적으로 노력하는 중이라면 시간이 걸리고 비용이 더 들더라도 양질의 제품을 확보함으로써 고객을 만족시켜야 한다. 따라서 협상 테이블에서도 높은 품질의 제품을 요구하는 것이 최우선이며 양질의 AS를 받는 것이 중요하다. 이를 위해서라면 가격을 더 부담하거나 대금을 즉시 지불할 수 있을 것이다. 반면 제품을 인도받는 시기는 크게 중요하지 않을 수 있다.

판매자도 자금사정이 좋지 않아 대금회수가 시급할 때에는 이를 알리고 대금을 빨리 받는 대신 더 나은 제품을 제공할 수 있을 것이다. 대금을 빨리 받고 싶다는 것을 상대방에게 알리는 것이 자신의 약점을 노출하는 것은 아니다. 지급일은 별로 중요하지 않다는 식으로 허세를 부린다면 어떻게 자금난을 타개할 수 있겠는가?

물론 앞서 김 사장의 걱정도 이해 못할 바는 아니다. 원하는 것을 얻으려면 원하는 것을 말해야 하지만, 자칫 방심하거나 안이하게 알렸다가 상대방이 이를 악용하면 나만 피해를 보게 되지 않겠나. 이런 걱정에 자신이 필요로 하는 것을 애써 감추며 필요 없다는 듯이 딴청 피우는 경우를 종종 본다. 2장에서 말했던 '협상의 딜레마'에 빠지는 것이다. 서로에 대한 신뢰가 있다면 정보를 더 많이 공개할 수 있을 것이며, 또한 정보를 공개함으로써 더 큰 신뢰를 쌓아갈 수 있을 것이다. 우리 사회에 일어나는 다양한 갈등은 자신이 정말 원하는 목적을 상대방에게 알리지 않고, 상대방의 진정한 목적을 알려 하지 않는 데에서도 원인을 찾을 수 있다. 전반적인 사회의 신뢰 수준이 충분히 성숙되지 않았기 때문일 것이다.

가만히 보면 이는 중국인들의 협상 스타일과도 유사한 듯하다. 중국인들은 협상에서 자신의 의도를 먼저 내보이기 꺼리는 편이다. 상대방이 먼저 의사표시를 하도록 밀고 당기다 막판에야 자신의 뜻을 밝힌다고 알려져 있다. 이를 중국인들은 '패합술覇闔術'이라 하여 협상술의 하나로 본다. 상대방에게 먼저 의

중을 토로하게 하고覇, 자신은 마음의 문을 닫고 침묵한 채 상대를 관찰하며 임기응변으로 대처한다闇는 중국 고전의 담판술 중 하나다.[43] 단어의 뜻에서 알 수 있듯이, 협상에서 이기기 위한 기술 또는 술수다. 이는 지금까지 말한 내용과 반대되는 주장이다. 국가나 문화에 따라 정반대의 원리가 작용하는 것일까?

이러한 발상은 중국인들이 기본적으로 협상을 이기고 지는 분배적 협상으로 인식하는 데에서 비롯된다. 6장에서 다시 논의하겠지만 중국인들은 관계를 중시해서 자신이 잘 아는 친구에게는 신의를 지키는 반면, 그렇지 않은 타인과는 속고 속이는 관계로 여기고 속는 사람이 바보라고 생각한다. 즉 가까운 소수 외에 사회 전반적으로는 신뢰 수준이 낮으므로 상대방의 의도를 일단 의심하며 자신의 진의를 밝히지 않는 것이 안전하다고 여기는 것이다.

앞에서 언급한 경영자들의 의식조사에서 나타난 바와 같이 우리나라의 상당수 경영자들도 이와 비슷한 생각을 하는 것으로 보인다. 그러나 처음부터 말하든 상대방의 요구사항을 먼저 듣고 말하든, 결국 자신이 원하는 것을 어떤 식으로든 알려야 성취할 수 있다는 사실은 변함이 없다. 상대방과의 신뢰를 구축해가면서 자신이 원하는 것을 충분한 근거와 논리를 가지고 요구하는 것이 좋은 결과를 이끌어내는 첫걸음이다. 요구하지 않은 것은 받을 수 없다는 것이 '협상의 제1법칙'임을 잊지 말자.

상대방에게 말해야 할 것과 말하지 말아야 할 것

──────────────────────── 그런데 여기에서 혼동하지 말아야 할 것이 있다. 상대방에게 원하는 것을 알린다고 해서 모든 정보를 보여줄 수는 없으며, 그럴 필요도 없다는 것이다. 상대를 믿든 못 믿든, 자신이 원하는 것을 알리는 것과 약점까지 공개하는 것은 별개의 사안이다. 상대방에게 무엇을 알리고 요구할지, 어떤 것을 상대방에게 알리지 않을지는 협상 이전에 미리 정리해두어야 한다.

그렇다면 어떤 정보를 알리고 어떤 정보를 비밀로 해야 하는가?

우선 우리가 협상을 통해 진정으로 얻고자 하는 목적interest에 대해서는 알리는 것이 모두에게 더 나은 협상결과를 가져온다는 것이 공통된 연구결과다.[44] 아울러 자신이 왜 그러한 요구를 하는지와 이를 통해 얻고자 하는 진정한 목적이 무엇인지를 충분히 알려야 한다. 당신이 원하는 것을 알리면 상대방도 자연스럽게 자신이 원하는 것을 말하게 된다. 서로 마음을 열고 원하는 것을 주고받음으로써 서로의 이익을 극대화하여 윈윈 협상을 할 수 있다. 또한 서로가 원하는 바를 적절히 공유함으로써 신뢰를 쌓을 수 있고, 협상과정도 원활해져 좋은 결과를 이끌어내는 데 도움이 된다.

그러나 알리지 않아야 할 정보들도 있다. 눈앞의 협상상대 외의 대안을 가지고 있는 경우, 그 대안이 구체적으로 어떤 수준인지 알게 하는 것은 금물이다. 상대방이 대안의 수준을 파악하면 그보다 월등히 나은 조건으로 타결하기가 어려워지기 때문이다.

협상을 준비하다 보면 때로는 만족스럽지 않은 대안이라도 없는 것보다는 낫다는 심정으로 마련해놓는 경우가 있다. 예를 들어 80만 원에 구매하고자 협상하는 제품이 있는데 다른 곳에서는 100만 원에 살 수 있다. 이 사실을 상대방이 알게 된다면 80만 원에 제품을 넘겨주려 할까? 결코 그렇지 않다. 100만 원보다 약간 낮은 99만 원 정도의 조건 이하로는 양보하지 않을 가능성이 크다. 그러므로 대개의 경우, 우리에게 다른 좋은 대안이 있다는 정도의 정보만 제공하고 구체적인 조건은 알리지 않는 것이 유리하다. 반대로 상대방이 가진 대안에 대해서는 막연하게 짐작하려 하지 말고 객관적인 정보를 적극적으로 탐색해야 할 것이다.

다만 우리가 가진 대안이 매우 양호한데도 협상상대가 이를 과소평가하고 불만족스러운 조건을 고집할 경우에는 우리의 대안을 알리는 것이 전술적으로 유리할 수도 있다. 우리는 90만 원에 구매하고 싶은데 상대방은 150만 원 이하로는 안 팔겠다고 고집한다면 다른 곳에서 100만 원에 살 수 있다는 정보를 알리는 것이다.

또 하나 상대방에게 알리지 말아야 할 것이 있다. 앞에서 협상의 마지노선인 최저조건을 미리 정해두고 결코 양보해서는 안 된다고 했는데, 이 조건에 대해서도 상대방에게 알려서는 안 된다. 최저조건을 상대방에게 알리는 것은 상대방에게 우리의 모든 속내를 다 보여주고 맞히기 게임을 하는 것이나 다름없다. 일례로 컴퓨터시스템이나 오디오세트처럼 복잡하고 선택사항이 많은 전자제품을 구매하러 전문점에 가면 판매원이 반드시 먼저 물어보는 것이 있다. "예산이 얼마인가요?"

요컨대 우리의 최저조건을 묻는 것이다. 이를 알려주는 순간 협상은 상대방의 주도로 이루어지게 된다. 그 결과 아마도 쓸 수 있는 예산에 거의 근접한, 생각지도 않았던 제품을 구매하고 나오게 될 것이다.

3장에서 설명한 바와 같이 모든 협상은 결국 자신의 최저조건과 상대방의 최저조건 사이의 어느 점에서 합의를 이루어내는 것이다. 서로 상대방의 최저조건을 아는 상태에서 합리적인 협상을 한다면 당연히 중간지점에서 합의가 이루어질 것이다. 그러나 현실에서는 자신의 최저조건만 알 뿐 상대방의 최저조건은 모르는 것이 보통이다. 상대방 역시 마찬가지며, 그래서 협상의 여지가 있는 것이다. 우리의 최저조건을 상대방이 모르고 우리는 상대방의 최저조건을 안다면 우리 의지대로 협상을 이끌어갈 수 있다. 그러므로 최저조건은 알리지 않는 것이 기본이다.

그러나 상대방이 우리의 최저조건을 얕잡아보고 무리한 요구를 한다면 이 또한 불가피하게 알릴 필요가 있을 수 있다. 우리는 100원 이상 지불할 생각이 없는데 상대방은 150원을 고집하느라 협상이 진전되지 않는다면 우리의 최저조건을 전략적으로 제시해 상대방의 인식을 바꿀 수 있다.

이처럼 원칙적으로 상대방과 공유해야 할 정보와 공개하면 안 되는 정보들을 구분했지만, 막상 협상을 시작하면 예상치 못했던 상황들이 발생하게 마련이다. 그럴 때마다 상황을 보아가며 자신이 가진 정보를 공개할지 말지 유연하게 결정해야 한다. 이때 우리가 협상을 통해 궁극적으로 얻고자 하는 것이 무엇인지 항상 상기해야 한다. 목적 달성에 도움이 되는지를 기준으로 판단하면 각각의 정보를 공개할지 말지 결정하는 데 도움이 될 것이다.

땅이냐 흙이냐, 송산 그린시티 토취장 협상[45]

─────────────────────────── 2003년, 경기도 화성 시화호 남측 간석지에 송산 그린시티를 조성하는 청사진이 발표되었다. 그러나 이는 곧바로 시민단체의 극심한 반대에 부딪혔다. 조정을 위해 국토부 주관의 민관협의체인 시화지속가능협의회가 구성되어 협의를 계속했지만 갈등은 좀처럼 해결되지 않았다.

문제의 핵심은 신도시 개발에 필요한 '흙'이었다. 도로를 개설하면 가로수를 심어야 하고, 그러려면 나무가 자랄 수 있는 양질의 흙이 필요했다. 외부에서 흙을 실어오면 운반비가 너무 많이 드니 사업시행자인 한국수자원공사는 가까운 곳에 토취장을 개발하고자 했다. 그러나 이미 시화호 개발을 경험한 바 있는 지역주민들은 토취장 개발이 또 다른 재앙을 유발한다고 보았다. 이들은 신도시 사업 자체를 반대하지는 않았지만 자신들의 땅에서 흙을 가져가는 것에 대한 반대가 심했다. 환경이 훼손되고 농작물에 피해가 가며, 궁극적으로 삶의 터전이 무너질 터였기 때문이다.

그러나 주민참여형 시화지속가능협의회가 구성된 이래 12차례의 소위원회 회의를 거친 끝에 마침내 2009년 5월 토취장 추진방안에 대한 합의가 이루어지고 10월에 토취장 개발방식이 확정되었다. 주요 내용은 필요한 흙의 65%만 인근 토취장에서 가져오고, 나머지는 외부에서 들여오는 것이었다. 주민들의 의견을 최대한 반영하여 토취장 조성 부지를 최소화하고 재산권을 보장하는 방식으로 개발을 진행하며, 향후 토취장 추가 지정이 필요할 경우 주민과 우선 논의하기로 합의했다. 아울러 토취장은 땅을 매입해서 개발하는 '수용방식'에서 주민의 재산권을 유지하면서 흙만 채취하는 '사용방식'으로 전환하여 추진하기로 했다.

사실 이 협상의 중요한 지점은 바로 여기에 있었다. 주민들이 토취장을 반대한 데에는 토취장 개발방식에 따라 이해관계가 크게 엇갈렸기 때문이기도 했다.

신도시가 개발되면 주변의 땅값이 오르기 때문에 주민들은 당연히 자신의 땅을 유지하는 것이 이익이다. 따라서 자기 땅의 소유권을 유지하면서 흙만 사용하는 방식을 원했다. 한국수자원공사 또한 땅을 사들이면 신도시 개발 후 땅값이 오를 터이니 부수적으로 회사의 재정에 도움이 되리라 기대했다. 그래서 수용방식을 주장했으나, 사업을 시행하는 주목적에 비하면 땅값의 시세차익은 비중이 크지 않았다. 주민들이 땅의 소유권 확보에 민감하다는 점을 알게 된 수자원공사는 주민들이 우선적으로 원하는 바를 얻을 수 있도록 '사용방식'으로 토취장을 활용하기로 양보했다. 그들로서는 비록 땅을 확보하지는 못했지만 흙을 확보하여 사업을 시작했다는 것 자체만으로도 의미 있는 결과였다.

이와 같은 결과가 나온 데에는 서로가 의사소통 채널을 열어두고 관계를 유지하면서 신뢰를 다진 것이 큰 역할을 했다. 협상 기간 내내 '선 논의, 후 고시'라는 원칙이 지켜졌고, 주민대책위원회 또한 무조건 반대하기보다는 객관적인 자료를 제시해가며 논리적으로 수자원공사를 설득하려는 자세로 협상에 임했다. 이러한 기틀 위에 각자가 원하는 바를 알리고 정보를 주고받으며 서로가 우선적으로 원하는 바를 응해줌으로써 합의에 이르게 된 것이다.

상대방이 원하는 것을 알아내는 간단한 방법

──────────────────── 윈윈 협상을 하기 위해서는 우리가 원하는 것을 알리는 동시에 상대방이 원하는 것을 알아야 한다. 상대방이 자신이 무엇을 원하는지 스스로 말한다면 문제는 간단히 해결할 수 있다. 그러나 상대방이 입을 다문다면 어떻게 해야 할까?

이에 대해 미국의 저명한 협상연구자인 진 브레트Jeanne Brett 교수에게서 들은 경험담이 힌트가 될 듯하다. 내가 노스웨스턴 대학교에서 연구년을 보낼 때 들은 이야기다. 오래 전 자신의 아이들이 유치원에 다닐 때, 그녀는 유치원에서 아이들이 할로윈에 쓸 호박을 산 적이 있다고 했다. 속을 파내고 눈코입 모양을 내서 할로윈 등불을 만들려는 것이었는데, 그러려면 아이들이 들기에 적당한 크기의 호박이 60개 필요했다. 그녀는 근교의 여러 호박 농장을 다닌 끝에 한 곳에서 원하는 사이즈의 호박을 찾았다. 가격도 예산에 맞게 흥정이 되었다. 그런데 주인이 30개만 팔겠다고 하는 것 아닌가. 분명히 수량이 넉넉한데도 말이다.

당신이라면 여기서 어떻게 협상을 이어가겠는가? 이는 브레트 교수가 강의에서 우리에게 던진 질문이기도 했다. "안 사는 척하고 돌아선다", "가격을 더 올려주겠다고 제안한다" 등의 대답이 나왔다. 브레트 교수는 그래도 자신이 협상을 가르치는 교수인데 거기서 물러설 수는 없었다며 자신의 경험담을 이어갔다. 그녀의 대안은 의외로 간단했다. "왜 안 파는지 물어본다"였다.

그녀의 질문에 농장 주인은 나머지 물량은 내년에 씨를 뿌리기 위해 남겨놓아야 한다고 대답했다. 그 말에 브레트 교수는 바로 창의적인 대안을 제시할 수 있었다. 그 30개의 속을 파서 씨를 가져다주겠으며, 이미 구입하기로 한 30개의 씨도 얹어서 가져다주겠다고 한 것이다. 농장 주인은 당연히 동의했고, 좋은 조건으로 60개의 호박을 살 수 있었다고 한다.

상대방이 원하는 것을 알아내는 가장 좋은 방법은 물어보는 것이다. 적절한 질문은 상대방의 진정한 의도를 알아낼 수 있는 가장 중요한 방법이다. 상대방이 부동산을 왜 팔려고 하는지, 얼마나 급하게 대금지급을 원하는지, 또는 어떤 용도로 사려고 하는지, 언제쯤 대금을 지불할 수 있는지 등, 질문을 함으로써 상대방에게 필요한 것을 알 수 있고 서로 원하는 바를 주고받을 수 있다.

질문의 효용은 또 있다. 적절한 질문은 상대방이 진정성을 가지고 일관되게 협상에 임하는지 그렇지 않은지를 검증하는 방법이기도 하다. 어떤 사항에 대해 다양한 질문을 하는데 상대방이 일관된 대답을 하지 못한다면 진정성이 없다고 미루어 짐작 가능하다. 협상에서 상대방에게 숨겨야 할 사항이 있다고 가정해보자. 상대방이 그 점에 대해 물어보지 않으면 내가 굳이 밝히지 않아도 꺼림칙하지 않다. 나중에 문제가 되더라도 "안 물어봤으니 대답하지 않았다"고 응수할 수 있다. 그러나 상대방이 구체적으로 물어보는데 사실과 다른 대답을 하려면 윤리적, 법적으로 큰 부담을 느끼게 된다. 그러므로 물어보라. 그 자체로 상대의 정직함을 요구하는 행위이며, 나아가 정직하지 못한 태도를 상대방 스스로 수정하게끔 유도하는 방법이기도 하다.

결국 협상이란 자신이 원하는 것을 상대방에게 알리고, 동시에 상대방이 원하는 것을 이해함으로써 각자가 원하는 것을 얻도록 하는 것이다. 이를 위해 서로 필요한 정보를 주고받으며 차근차근 신뢰를 구축함으로써 열린 마음으로 의사소통할 수 있는 기반을 마련해야 한다. 이때 반드시 필요한 것이 적절한 질문이다. 질문을 던져 서로 원하는 바를 확인하라. 윈윈 협상은 원하는 바가 무엇인지 아는 것에서 시작된다.

CHAPTER 6

서로 차이가 크면
협상이 어려운가

"상대방과 우리가
원하는 것이 다르면
협상이 타결되기 힘들다."

당신은 이에 동의하는가?

한국의 경영자 100인에게 물었더니
59%가 "그렇다"고 대답했다

◻

협상 테이블에 앉아보면 나와 상대방이 원하는 바가 서로 달라서 난항을 겪을 때가 종종 있다. 과연 상대방과 우리가 원하는 것이 다르다는 것은 무엇을 의미하는가? 한쪽은 단기간에 이익을 보고 싶어 하는 반면, 다른 한쪽은 투자를 통해 장기적인 성장을 꾀할 수도 있다. 어떤 기업은 위험을 감수하고 모험적인 사업에 기꺼이 뛰어드는가 하면 다른 기업은 안정적인 사업만 고수한다. 어떤 기업은 글로벌화를 추진하고 다른 기업은 국내 시장에 초점을 맞춘다. 어떤 기업은 새로운 기술을 습득하고 개발하고 싶어 하는 반면, 기존 기술을 가지고 새로운 마케팅 기회를 찾고자 하는 기업도 있다.

A기업의 김 사장이 바로 그런 경우였다. 그는 글로벌 기업 B사와 공동사업을 추진하는 건으로 협상을 앞두고 있다. 유명 대기업과 사업을 하게 되어 기쁘기도 하지만, 한편으로는 걱정이 된다. 그가 판단하기에 두 회사는 어느 모로 보나 다른 점투성이다. 글로벌 기업인 B사는 A사의 10배는 족히 될 만한 규모와 자금력을 자랑한다. 기술력도 세계 최고 수준이고 회사의 브랜드 가치도 글로벌 수준에 걸맞다. 마케팅 역량도 당연히 B사가 앞

서지만, 한국을 비롯한 아시아 시장만큼은 A사도 상당한 유통망을 구축했고 더 잘 아는 데다 최근의 한류 열풍 효과도 보는 중이다. 두 회사는 주력업종도 달라서, B사의 사업영역은 다양한 반면 A사는 한 가지 업종에 특화돼 있다. 심지어 A사는 한국인만으로 구성돼 있으니 글로벌 기업인 B사와는 사용하는 언어도 다르다. 이렇게 다른데 공동사업이 잘 추진될 수 있을까? 김 사장은 B기업에 소프트웨어 솔루션을 납품하면서 B사의 기술을 습득하기를 희망하고 있다. 물론 가격 및 대금지급 등의 조건도 협상에서 다뤄야 한다. 김 사장은 여러 모로 B기업이 우위에 서 있는 것 같아 자칫 자신의 의도는 묵살되고 B사의 페이스에 끌려가지나 않을까 걱정이다.

원하는 것이 다르다는 점을 활용하라

─────────────────────── 김 사장의 걱정대로, 안 그래도 서로 원하는 바가 다른데 기업 상황까지 여러 모로 다르다면 의사소통에 어려움이 생기는 것은 당연하다. 특히 다른 문화를 가진 다른 국가의 기업과 협상한다면 의사소통은 물론 문화의 차이에 따른 오해가 빚어지기 쉽다. 산업화 초기 우리나라 사업가들이 일본 기업과 상담하며 실수한 이야기는 널리 알려져 있다. 일본에 출장을 다녀온 어느 사업가가 주변 사람들에게 상담이 잘되었으며 조금만 기다리면 회신이 올 것이라고 호언장

담한다. 일본 측에서 "참 좋은 제안입니다. 검토해본 후 연락드리겠습니다"라고 한 말을 굳게 믿었던 것. 그러나 1주일, 2주일이 지나고 한 달이 지나도 일본 측에서는 연락이 오지 않는다. 기다리다 못한 그가 일본 기업에 연락해 의견을 재촉한다. 일본 측에서는 이미 정중히 거절했는데 왜 다시 물어보는지 의아해한다. 이러한 차이는 국가뿐 아니라 산업이나 업종 간에, 대기업과 중소기업 사이에도 존재하는데, 상대방의 상황을 정확히 이해하지 못하게 한다는 점에서 협상의 장애요인이 될 수 있다. 유통업에 종사하는 기업은 제조업의 상황이나 어려움을 이해 못할 수 있고, 거꾸로도 그렇다. 대기업은 중소기업의 어려움을 이해 못하거나 알면서도 무시할 수 있고, 반대의 경우도 마찬가지다.

김 사장의 경우 두 기업의 상황이 여러 모로 차이 난다. 그만큼 의사소통에 어려움도 있을 것이다. 그러나 기업의 상황이 다를수록 서로 원하는 바도 달라질 수 있다는 점에서 사실은 오히려 반가워해야 할 일이다. 서로 원하는 것을 주고받아 윈윈 협상을 할 여지가 생기기 때문이다.[46] 생각해보라. 만약 두 기업이 모두 가격 조건에만 초점을 맞춘다면 가격을 두고 서로 밀고 당기는 분배적 협상을 할 수밖에 없고, 협상은 타결되기 어렵다. 만일 두 기업이 같은 기술을 놓고 서로 독점적인 우위를 다툰다면 역시 협상은 어려워질 것이다.

이보다는 서로 다른 것을 원할 때 상대방이 원하는 것을 충분히 주고 자신이 원하는 것을 충분히 받는 윈윈 협상이 가능해진다. A기업은 상대방이 원하는 '아시아 시장에 대한 접근'을 충분히 제공하고, 그 대신 자신이 원하는 'B사의 기술'을 충분히 전수받을 수 있지 않겠는가. 또한 중소기업인 A사는 빠른 대금지급과 가격조건이 중요할 테고, 글로벌 기업인 B사는 높은 품질이 중요할 개연성이 크다. 이처럼 다양한 조건 가운데 각자가 중시하는 우선순위priorities가 다를 때, 상대방이 우선시하는 조건들을 충분히 만족시켜 주고 자신이 우선시하는 조건들을 충분히 받을 수 있다.

원하는 바의 차이를 활용한 대표적인 예로 2002년에 체결된 '보물선 인양' 협상이 있다.

17세기 말 영국 전함 서섹스 호가 지브롤터 해협 인근에서 폭풍우를 만나 침몰했다. 배에는 5억 달러 이상 가치의 금화와 보석이 있었다는 사실이 알려져 많은 이들의 탐험욕구를 자극하기도 했다. 그러던 중 1998년에서 2001년 사이에 미국의 심해인양전문회사인 오디세이 해양탐사회사가 바다 속에서 서섹스 호를 발견했다고 주장했다. 이에 영국 정부는 즉각 오디세이 사와 인양 협상을 진행했다.

보물 인양을 둘러싸고 서로가 원하는 바는 상당히 달랐다. 오디세이 사는 사기업으로서 일한 대가를 즉각 보상받고자 한 반면, 영국 정부는 장기적인 관점에서 보물 자체의 인양을 원했다. 오디세이 사가 요구한 금액은 전체 보물 가격의 절반이 넘는 3

억 달러나 되었는데, 과연 영국 정부가 이 비용을 모두 지불하면서까지 인양에 응할지는 회의적이었다.

그러나 결과적으로 인양 협상은 타결되었다. 협상 초기, 이들은 양측 대표가 동수로 참여하는 서섹스 고고학 위원회Sussex Archeological Executive를 구성했고, 이와 동시에 영국 정부는 보물에 대한 가치평가를 면밀히 실시했다. 그 결과 서로가 원하는 바의 차이점을 활용해 2002년 다음과 같은 계약을 체결했다. "4500만 달러까지의 인양물에 대해서는 오디세이 사가 80%를 소유하고, 4500만~5억 달러까지의 인양물에 대해서는 오디세이 사가 50%를 소유하며, 5억 달러 이상의 인양물에 대해서는 오디세이 사가 40%를 소유하는 것으로 하되, 모든 인양물에 대한 구입 권한은 영국 정부가 우선적으로 가진다."[47]

즉 초기에 인양되는 보물에 대해서는 오디세이 사가 더 많이 갖고, 나중에 나오는 보물은 영국 정부가 더 많이 가져가도록 한 것이다. 오디세이 사는 위험을 감수하고 단기수익을 추구하고자 했다. 한편 영국 정부는 자국의 보물이 인양되는 것 자체에 의미를 두고, 아울러 장기적인 관점에서 이익을 계산했다고 할 수 있다. 이를 반영한 결과 오디세이 사는 확실한 이익을 보장받고, 영국 정부는 자국의 보물을 인양해 지킬 수 있는 계약을 체결하게 되었다. 즉 협상당사자 간의 위험에 대한 선호도, 시간에 대한 관점 등의 차이를 활용해 서로가 원하는 것을 충분히 주고받도록 한 것이다.

기대가치에 대해 주장하는 바가 다르면 내기로 해결한다

──────────────────────────── 2002년,
100년 전통을 자랑하는 미국의 자동차 부품업체 팀켄 사Timken
Company는 잉거솔랜드 사Ingersol-Rand Company의 기술솔루션 사업
을 매입하고자 협상을 진행했다. 잉거솔랜드 역시 100년 이상
의 전통을 가진 공조시스템 및 기술솔루션 전문 엔지니어링 회
사로, 매각협상 대상인 기술솔루션 사업에 대한 자부심이 남달
랐다. 그에 비해 사는 쪽인 팀켄은 이 사업의 미래가치를 상대적
으로 낮게 보았다. 양측은 매입가격에 대한 줄다리기를 한동안
이어간 끝에 다음과 같은 합의에 이르렀다.

"팀켄은 잉거솔랜드의 기술솔루션 사업을 8억 4000만 달러에
매입한다. 잉거솔랜드는 7억 달러의 현금과 1억 4000만 달러 상
당의 팀켄 주식(전체 주식의 약 11%에 해당)을 받고, 향후 6개월
간 주식을 매각하지 않기로 한다."[48]

이는 일종의 내기였다. 두 회사는 각자의 전략적 판단과 필요
에 의해 사업을 사고 파는 정책적 의사결정을 했을 것이다. 그러
나 매물이 마음에 든다고 해서 그에 대한 리스크도 고려하지 않
는 것은 아니다. 팀켄은 잉거솔랜드 기술솔루션 사업의 진정한
가치에 대해 100% 확신하기도 어렵거니와 구매하는 입장인 만
큼 실사를 통해 여러 가지 문제점을 지적하고 가격을 낮추려 했
다. 반대로 파는 쪽인 잉거솔랜드는 회사의 상황이나 전략적 판
단에 따라 매각하는 것일 뿐, 그 사업이 전도유망한 좋은 사업

임을 주장하고 설득해야 했다. 양자의 주장이 서로 팽팽히 맞서 합의점을 찾기 어렵게 되자 잉거솔랜드는 내기를 걸었다. 잉거솔랜드가 대금의 일부를 팀켄의 주식으로 받겠다는 것은 자신의 사업을 매입함으로써 팀켄의 주가가 오른다는 데 베팅한다는 의미다. 한편 팀켄 사로서는 매입한 사업이 잘된다면 그 자체로 좋고, 만에 하나 사업이 잘 안 되면 주식가격도 떨어질 것이니 실질적인 지불금액이 줄어든다. 현재로서 리스크를 최소화할 수 있는 지급방법이니 마다할 이유가 없다.

비록 기업 간 협상이 아니더라도 우리는 일상생활에서 미래의 기대가치에 대한 이견을 숱하게 접하고, 이를 활용해 협상과 거래를 하고 있다. 주식시장이 존재하는 이유는 주식가격이 오를 것이라 기대하는 사람과 내릴 것이라고 예상하는 사람이 동시에 존재하기 때문이다. 모든 사람이 주식가격이 오를 것이라 예상한다면 파는 사람이 아무도 없을 것이므로 주식을 사고 싶어도 살 수가 없고 거래도 형성되지 않는다. 마찬가지로 모든 사람이 주식가격이 내릴 것이라 예상한다면 팔려는 사람들만 있어서 거래가 형성되지 않는다. 단순하게 말하면 이 세상의 모든 거래는 거래대상에 대해 파는 쪽과 사는 쪽에서 부여하는 가치가 서로 다르기 때문에 가능하다고 해도 과언이 아니다. 프로 선수의 성적에 따른 인센티브 계약이나, 기업 성과에 따른 CEO의 인센티브도 넓게 보면 미래가치의 확률에 대한 구단과 선수, 주주와 CEO 사이의 주관적 차이를 활용한 조건부 협약이라 할 수 있다. 프로 선수나 CEO는 그 이상의 성과를 올릴 수 있다고 자신하며 조건을 수락할 것이며, 구단이나 주주는 그만큼의 성적을 올리지 못할 것이 의심되기는 하지만 올려주기를 바라면서 계약을 할 것이다.

그러나 이것만 가지고 협상을 너무 단순하게 바라보면 안 된다. 거래대상의 미래가치에 대해 서로 다르게 생각한다고 해서 협상이나 거래가 자동적으로 성사되는 것은 아니다. 주식시장과 같이 정해진 대상에 대해 가격만으로 거래가 이루어진다면 문제는 단순하다. 그러나 현실세계에는 간단한 상품을 사고 파는 것부터 기업처럼 복잡한 대상을 사고 파는 것까지 수많은 형태의 협상이 있다. 기업 간 협력이나 제휴를 위한 협상은 고려해야 할 조건이 매우 복잡하며, 국가 간 이해가 걸린 협상은 더 복잡한 다수의 이슈들이 걸려 있고 저마다 주관적 가치들이 결부돼 있다. 하나의 물건을 두고서도 파는 쪽에서는 (자신이 실제로 생각하는 것과 무관하게) 그 물건의 가치가 크다는 것을 설득함으로써 더 높은 가격을 받으려 할 것이다. 반대로 사는 쪽에서는 (주관적으로 느끼는 가치와 무관하게) 그 물건에 정말로 그만 한 가치가 있는지 의심하고, 문제를 열거하며 이를 이유로 가격을 낮추려 할 것이다. 이처럼 양자의 주장이 팽팽히 맞선다면 어떻게 해야 할까?

우리의 어렸을 적 기억을 떠올려보자. 친구들과 잘 놀다가 별

것 아닌 것을 가지고 "내가 맞다", "아니다, 내가 맞다"고 서로 우기는 경우가 종종 있다. 그러다 결판이 나지 않으면 한쪽이 나서서 외치는 말이 있다. "내기할래?" 내가 맞으면 100원을 받고 틀리면 100원을 주는 식이다. 상대방도 자기 주장에 자신 있으면 내기가 성립된다. 즉 양쪽 모두 자기가 100원을 받으리라는 자신이 있기 때문에 내기가 성립되는 것이다. 양쪽 모두 100원의 추가수익을 기대하는 것이다. 앞에서 팀켄과 잉거솔랜드 사가 적용한 바로 그 방식이다. 실제로 협상 1년 후 잉거솔랜드는 팀켄의 주식을 1억 4760만 달러에 매각해 760만 달러의 차익을 실현했다. 이는 곧 팀켄의 사업이 성장세라는 뜻이니 누이 좋고 매부 좋은 결과다. 미래가치에 대한 생각의 차이가 오히려 양자의 기대가치를 최대화하는 협상을 가능케 한 셈이다.

이와 같이 미래의 상황에 따라 조건을 달리하는 것을 '조건부 계약contingency contract'이라 한다. 기본적으로 미래의 가치에 대한 주관적 차이를 활용하는 협상법으로, 서로의 주장이 팽팽하게 맞서 협상이 진전되기 어려울 경우 유용하게 사용될 수 있다.

협상은 최저조건 사이의 여유공간에서 결정된다고 했다. 그런데 때로 협상을 하다 보면 서로의 최저조건이 맞지 않아 결렬되는 경우가 있다. 최저조건은 협상의 마지노선이므로, 아무리 협상 타결이 중요하다 해도 최저조건을 함부로 변경할 수는 없다. 이럴 때 최저조건을 건드리지 않고도 합의에 이를 수 있는

지혜가 바로 조건부 계약을 하는 것이다. 서로 양보할 수 없는 상황에서 조건부 계약을 통해 각자가 추가적으로 기대할 수 있는 결과를 합하여 자신의 최저조건을 만족시킨다면 협상이 성사될 수 있다.

협상전문가들은 상대방 주장의 진정성을 확인하고 싶을 때 조건부 계약이라는 카드를 활용하기도 한다. 다시 어렸을 적 아이들의 이야기로 돌아가 보자. 한 아이가 "내기할래?"라고 외쳤을 때 다른 아이가 "친구끼리 무슨 내기를 해?"라며 슬그머니 발뺌한다면, 사실 그 아이는 억지 주장을 하고 있었을 가능성이 크다. 자기 주장에 확신이 없거나 아예 거짓 주장을 했기 때문에 질 것이 뻔한 내기를 회피하는 것이다. 실제 협상에서도 주장에 자신이 있다면 미래 상황에 대한 조건을 제시함으로써 상대방 주장의 진정성을 파악해볼 수 있다. 상대방의 주장대로라면 당연히 받아들여야 할 조건을 그들이 받아들이지 않는다면, 이는 곧 신뢰하기 어려운 주장이라는 신호일 수 있다. 그런 상대라면 거래 자체를 재고해볼 필요도 있을 것이다.

이를 거꾸로 활용해, 조건부 계약을 제시함으로써 자기 주장이 진실하다는 것을 상대방에게 알리고 신뢰를 얻을 수도 있다. 미래가치에 대한 일종의 신호 보내기signaling인 셈이다.[49] 어떤 사업을 추진하기 위해 투자자를 모집하는 경우 최소 수익을 보장하거나, 투자지분으로 받은 주식가격이 떨어질 경우 일정 가격 이상으로 되사겠다고 보장하는put-back option 경우가 종종 있는데, 이는 사업을 성공시킬 자신이 있다는 신호를 투자자에게 보내는 것이다. 사업자가 이렇게 자신만만하게 나오면 투자자들도 그를 더욱 신뢰하게 될 것이다. 또한 상대방을 전적으로 신뢰할 수 없을 때에도 그에 따르는 위험을 조건부 계약에 포함함으로써 상대방의 주장에 대한 신뢰 여부와 상관없이 계약을 성사시킬 수 있다. 서로의 위험을 분산시키는 묘책인 것이다.

그러나 조건부 계약이 만능은 아니다. 내기할 때는 서로 자신이 이길 거라 기대하지만 결국 한쪽은 이기고 한쪽은 지게 마련이다. 주식을 산 후 주식가격이 오르면 자신의 기대가 맞은 것이고, 내리면 기대가 어긋난 것이다. 즉 협상을 마무리하고 협약을 맺을 때에는 양쪽 모두에게 추가적인 기대가치가 만들어지지만, 시간이 지나 계약이 실행될 때에는 한쪽은 추가적인 가치가 실현되고 다른 한쪽은 그만큼의 가치가 줄어든다. 따라서 조건부 계약을 할 때에는 긍정적인 면만 보지 말고 최악의 경우 자신이 지게 될 부담을 고려해 받아들일 수 있는 범위 내에서만 조건을 제시하고 수용해야 한다. 사업 전체에 부담을 줄 정도의 조건부 계약은 금물이다.

또 한 가지 고려해야 할 점은 조건부 계약의 이행가능성이다. 사후 협약 내용대로 지켜지지 않아 법적 소송까지 가는 경우가 적지 않은데, 모두에게 시간적·경제적 부담만 주고 실익은 별로 없다. 조건부 계약이 효력을 발휘하려면 협상 후 실제 상황이 발생했을 때 조건대로 이행할 방법이 마련돼 있어야 한다. 공장을 사고 팔면서 1년 후 공장 가치가 오르면 돈을 더 지불하고 가치가 떨어지면 일부를 돌려주기로 했다고 가정하자. 이 계약이 실행되려면 무엇을 고려해야 할까? 우선 1년 후 거래 당사자들이 모두 국내에 생존해 있을지, 연락이 될지가 문제다. 공장 가치가 올랐는지 내렸는지 판단할 기준도 정해두어야 한다. 또한 합의 내용이 이루어지지 않을 경우 이를 강제로 실행할 방안도 마련되어야 할 것이다.

국가 간 문화 차이는 어떻게 극복할 수 있나

──────────────────────── 협상을 하다 보면 요구사항의 차이나 기대의 차이만으로 애를 먹는 경우는 생각만큼 많지 않다. 양측의 요구사항이 다른 것은 어찌 보면 당연하므로 조율하고 조정할 여지가 있다고 생각하고 협상에 임하곤 한다. 정작 협상당사자들을 당혹시키는 차이는 문화적 차이다. 국가, 기업, 개인 사이의 협상은 각각의 이해관계뿐 아니라 그 사회의 법과 제도, 경제상황, 문화적 차이 때문에 한층 복잡해진다.

특히 언어의 장벽이나 문화적 차이는 국제협상에서 미처 생각지 못한 다양한 영향을 미치곤 한다.[50] 물론 대부분 좋지 않은 영향이다. 앞서 소개한 일본 기업과의 협상이 단적인 예다. 일본처럼 같은 표현이라도 상황에 따라 전혀 다른 의미로 해석

될 수 있는 문화를 '고맥락 문화high-context culture'라 하고, 같은 표현은 상황에 관계없이 같은 의미로 해석되는 문화를 '저맥락 문화low-cotext culture'라 한다.[51] 저맥락 문화인 영미권 사람들의 'Yes'는 언제나 '예'이고 'No'는 언제나 '아니오'로 이해하면 되지만, 일본 사람들의 '예'는 상황에 따라 알아서 '아니오'로 이해해야 한다는 것이다. 지금은 일본 사람들의 간접적 의사소통 방식을 비롯해 이문화 협상에 대한 연구가 폭넓게 이루어졌지만, 과거에는 우리나라나 서양의 사업가들이 일본 기업과 협상할 때 적지 않게 당황하고 실수도 했던 것이 사실이다.

국제협상에서는 언어뿐 아니라 문화의 차이, 경제상황의 차이, 사회제도나 법적 규제의 차이 때문에 의사소통이나 해석에 오해가 생길 위험이 언제나 있다. 이것이 국제협상의 어려운 점이기도 하다. 단적인 예로 음주에 대해서도 문화권 간의 차이가 매우 크다. 중국, 러시아, 일본, 한국 등은 사업을 시작할 때 파트너와 동반자 관계를 돈독히 한다는 의미에서 으레 술자리를 갖는다. 반면 이슬람권 상대방과는 술을 권하거나 마시면 큰 결례가 된다. 이슬람 문화는 술을 금기시하기 때문이다.

국제협상에서 일어나는 결례는 다른 나라의 문화현상을 자국의 시각으로 이해하기 때문에 생긴다. 어느 사회나 집단의 문화는 크게 3가지 요소로 이루어진다. 첫째는 눈에 보이는 구체적 현상들이다. 음악, 미술, 문학, 음식, 언어, 행동 등 문화적 창조물들이다. 둘째는 구성원들 간에 공유된 가치관이다. 돈이나 이익추구에 대한 가치, 윤리적 가치, 기술이나 편의성에 대한 가치 등이 여기에 해당한다. 첫째 요소, 즉 눈에 보이는 현상들은 이둘째 요소로부터 비롯된다. 셋째 요소는 사물과 인간에 대한 기본 전제다. 인간관, 우주관, 시간과 공간에 대한 구성원들의 생각들이다. 첫째 및 둘째 요소들은 이 셋째 요소의 기반 위에 존재한다.[52]

이 중 다른 문화에 대해 우리가 관찰할 수 있는 것은 고작 첫째 요소인 구체적 현상뿐이다. 그들이 보여주는 행동, 언어, 음악, 미술 등의 문화적 현상들은 그들의 가치관 및 사물과 인간에 대한 기본 전제에 기반을 두고 있지만 이는 겉으로 드러나지 않는다. 그런데 사람들은 관찰한 문화현상을 자기 문화권의 가치관과 기본 전제를 가지고 해석하려 한다. 여기에서 오류와 오해가 생긴다.

따라서 다른 문화권의 협상상대를 만날 때에는 미리 그들의 문화를 충분히 조사해 이해해두어야 한다. 그러나 제한된 시간 동안 모든 차이를 완벽히 이해하기란 불가능하므로, 기본적으로 상대방의 문화를 존중하는 태도가 필요하다. 그들은 당신과 다를 뿐이지 누가 옳고 그른 것이 아니다.

물론 상대방의 문화를 존중하더라도 본의 아니게 실수할 수도 있고 어떻게 행동해야 할지 몰라 당황할 수도 있다. 이럴 때는 두 가지 해법이 가능하다.[53] 첫 번째, 섣불리 판단하지 말고 상대방의 행동을 관찰하는 것이다. 그리고 가능한 상대방의 행동과 모습을 따라 한다. 잘 알지도 못하면서 겉모습만 따라 하다가 실수할 수도 있지만, 그렇다고 상대방의 문화를 무시하고 자기 방식을 고집하는 것은 바람직하지 않다.

두 번째, 자신의 가치관과 문화에 입각해 최대한 합리적으로 행동하되 이해하기 어려운 상황에는 질문하여 보완하자. 상대방이 왜 그렇게 행동했는지 의미와 의도를 정확하게 아는 길은 물어보는 것뿐이다. 물론 모든 행동 하나하나마다 일일이 질문하는 것도 의사소통을 방해할 수 있으니, 두 가지 방법을 유연하게 활용하는 지혜가 필요하다.

일단 문화적 차이를 이해하면 그 차이는 더 이상 장애요인이 아니라 오히려 통합적 협상의 물꼬를 트는 기폭제가 될 수 있다. 상대방 문화권에서 중시하는 가치를 양보하고 우리 문화에서 중시하는 것을 얻을 수 있지 않겠는가?

예컨대 한쪽 기업은 장기적 가치를 중시하는 문화권이고 다른 쪽은 단기적 가치를 중시하는 문화권이라면 양쪽이 원하는 바를 모두 충족하는 대안을 찾기가 한결 쉬울 것이다. 네덜란드 사회학자 홉스테드Geert Hofstede가 지속적으로 업데이트하는 연구결과에 의하면[54] 2016년 한국의 장기적 관점 지수는 100이고 일본은 88, 중국 87, 독일 83인 반면 미국은 26, 이란은 14인 것으로 나타났다. 한국을 비롯해 아시아 국가들과 독일은 장기적 관점을 가지는 반면, 미국은 매우 단기적 관점을 가지는 것을 알 수 있다. 현재의 삶의 질보다는 미래를 위한 투자를 우선시하는 성향이 장기적 관점의 대표적인 특징이다. 이와 같은 차이를 활용하면 한국 기업과 미국 기업이 협상할 때 단기적 혜택은 미국 기업에, 장기적 이익은 한국 기업에 할애할 수 있을 것이다. 단, 문화적 특성은 고정된 것이 아니라 조금씩 변한다는 점을 잊지 말아야 한다. 일례로 중국은 장기적 가치를 우리나라보다 더 중시했으나 몇 년 사이에 통계치가 바뀌었다. 중국은 최근 급격한 산업화 과정을 거치며 단기적 성향이 강해진 것으로 보이며, 우리나라는 과거 산업화 과정에서 체득했던 '빨리빨리 문화'에서 어느 정도 벗어난 것으로 보인다.

문화적 차이 가운데 협상에 중요한 영향을 미칠 수 있는 또 하나의 요인은 불확실성 회피성향이다. 어느 문화권은 불확실성을 최대한 배제하려는 성향이 강한 반면, 불확실한 미래를 받아들인 상태에서 일을 추진하는 문화권도 있을 것이다. 홉스테드의 조사에 의하면 2016년 한국의 불확실성 회피지수는 85였으며, 일본 92, 독일 65, 이란 59, 미국 46, 중국 30 등으로 나타났다. 상대적으로 일본은 확실한 것, 정해진 것을 선호하는 반면 중국은 모호함 속에서 모험을 걸 수 있는 성향이 있으며, 우리나라는 상대적으로 위험회피 성향이 높다는 뜻이다. 따라서 우리나라나 일본에 비해 중국이나 미국은 조건부 계약 등 상대적으로 위험을 감수하는 협상안을 선호할 가능성이 높을 것이다.

이러한 차이를 이해하지 못한 채 협상에 임하면 서로의 의도에 대해 자칫 오해할 위험이 있다. 나는 불확실성이 높더라도 상대방을 믿고 공동사업을 추진할 의사가 있는데 상대방은 모든 불확실성을 배제하기 위해 조목조목 따지고 든다면 상대방이 나를 믿지 못해서 그런다고 오해하지 않겠는가. 그러나 그저 상대방의 문화권이 그런 것뿐이다. 상대방이 불확실성을 없애고 싶어 한다면 그것을 수용해주는 대신 우리가 중요시하는 것을 얻으면 된다. 서로의 문화를 이해하고 차이를 활용함으로써 윈윈 협상에 한발 다가설 수 있다.

최근 우리나라 기업의 가장 중요한 협상대상은 우리의 최대 교역국인 중국의 기업들이다. 2016년 우리나라의 수출 중 25.1%가 중국을 향했고, 전체 수입에서 중국이 차지하는 비중도 21.4%나 된다. 비단 오늘날만이 아니라 중국은 우리나라 역사를 통틀어 가장 오랫동안 떼려야 뗄 수 없는 관계를 이어온 나라다.

이처럼 중국이 우리나라 경제, 특히 수출입에서 차지하는 비중이 절대적인 데 비하면 중국과의 교류가 본격화된 것은 1992년 한중수교 이후로 상대적으로 짧다. 오랫동안 단절된 상태였던 터라 양국의 기업가들이 서로를 이해하지 못해 발생한 시행착오도 적지 않다.

중국의 협상문화는 고대 역사에 뿌리를 두고 있다. 중국인들은 음양의 조화를 추구하는 태극사상을 기본으로 화和와 합合의

사상을 중요시해왔다. 그러면서도 모순된 가치를 동시에 녹여내는 데 익숙한 것으로 보인다. 예를 들면, 중국인들은 화이부동和而不同을 협상과 관련된 중요한 사상의 하나로 여겨왔다. 상대방의 의견에 전적으로 동조하는 것이 아니라, 의견이 다르더라도 설득을 통해 합의에 이를 수 있다고 여긴다. 실제 협상에서는 경쟁爭과 화합和, 강함剛과 부드러움柔을 필요에 따라 구사하기도 하고, 정情에 호소하기도 하고 의리義를 내세우기도 하며, 예의禮를 갖추며 덕德을 베풀어 마음을 움직이는 협상전략을 구사해왔다.[55] 보는 것처럼 이들 전략은 각각 모순적인 개념과 방법을 동시에 포함하고 있다.

여기에 더해 20세기 중후반 60년간 중국을 지배해온 마르크스-레닌주의와 마오쩌둥의 사상은 협상에도 영향을 미쳤는데, 특히 마오쩌둥의 제국주의에 대한 투쟁사상을 담은 모순론과 실용전략은 현대 중국인의 협상전략에 고스란히 반영되었다.[56] 그는 전쟁과 평화를 결국 같은 것이라 할 만큼 모순적인 개념을 하나의 틀 안에 담고자 했으며, 필요하다면 어떤 수단이든 유연하게 선택할 수 있다는 실용주의 노선을 강조했다. 결론적으로 중국인의 협상전략은 여러 가지 방식을 동시에 구사한다는 점에서 복선적이고 모순적이며, 시간의 흐름에 따라 다양한 전략을 번갈아 사용한다는 점에서 순환적이다. 그래서 중국인들과 협상할 때 겉으로 드러나는 행동만 단순하게 해석했다가는 실수하기 십상이다.

일례로 임진왜란 때 지원군으로 파견된 진린의 행보를 보자. 그는 전쟁이 종반으로 접어든 1598년, 어위도총관 및 전군도독 부도독前軍都督府都督으로서 5000명의 수군을 거느리고 고금도에서 이순신이 이끄는 조선 수군과 합류했다. 기록에 나타난 그의 행동은 매우 복합적이고 모순적이었다. 그는 초기에 포악하고 사납게 굴며 조선 관리들과 수군을 때리고 핍박하였으나, 이순신 장군이 왜군의 목 40여 급을 보내 진린의 공으로 돌리자 크게 기뻐하며 이후 이순신 장군과 술자리를 함께하기도 했다. 그런가 하면 적극적으로 전투에 나서지 않고 왜군과 협상을 벌이는 이중적 행동도 했다.

전쟁 막바지, 일본의 고니시 유기나가 군대는 이순신 장군의 함대에 둘러싸인 채 순천에 고립돼 있었다. 그들을 구하기 위해 500여 척의 왜선이 노량 앞바다에 집결했다. 그러나 조선수군의 봉쇄가 워낙 철저해 고니시 군대와 바다의 왜선은 접선조차 못하고 있었다. 그런데 이때 진린이 뇌물을 받고 왜군의 척후선이 빠져나갈 수 있도록 해 왜군의 퇴로가 열리고 말았다. 퇴각하는 왜군을 응징하고자 전투가 벌어졌다. 바로 7년 전쟁을 마감하는 노량해전이었다. 이순신 장군은 명예와 명분을 들어 진린을 설득했고, 전투의 빌미를 제공한 진린은 마지못해 참전할 수밖에 없었다.

그런데 흥미로운 것은 이후 진린이 보인 행동이다. 그는 이순신이 전사하자 세 차례나 넘어져가며 장군선에 올라 주검 앞에

무릎을 꿇었다. 그뿐 아니라 이후 명나라 조정에 이순신의 전공을 상세히 보고해 명의 만력제가 이순신에게 8가지 선물을 보내도록 하는 데 일조했다.[57] 여러 가지 모순된 행동을 거리낌 없이 동시에 행하면서도, 장기적으로는 예와 덕을 중시하는 중국인들의 복합적인 가치관을 잘 보여주는 인물이라 하겠다.

실무에서도 중국인들의 이러한 면모를 종종 보게 된다. 협상 초기에는 예를 갖추고 환대하며 분위기를 조성하지만 곧이어 자신의 페이스대로 상대방을 몰아붙이거나, 애매모호한 말로 상대방의 환심만 사면서 의중은 끝까지 밝히지 않기도 한다. 상대방을 치켜세운 후 무리한 요구를 하거나, 상대방의 하자를 빌미로 집요하게 양보를 요구하기도 한다. 동시에 여러 상대와 협상하며 저울질하거나, 작은 부분도 집요하게 챙기며 따지곤 한다. 재량권을 정확히 하지 않았다가 일단 거래가 성사된 후에는 어떤 책임도 지지 않으려 하거나 합의된 후에도 불리한 사항은 재협상을 요구하기도 한다. 그러면서도 상대방에게 약속과 의리를 지킬 것을 요구하며 장기적인 관계를 중시한다.[58]

우리나라의 많은 기업들이 중국에 진출했지만 정상적으로 활동하는 기업은 20%도 되지 않는데, 두 나라의 협상 스타일이 다른 것도 한 가지 원인이다.[59] 실제로 석유화학, 비철금속, 섬유제품 등 시세변동이 심한 품목의 국제가격이 인하하자 중국 거래처가 기존의 신용장이나 매매계약서, 원산지증명서의 사소한 오류나 오타를 문제 삼아 계약내용을 변경한 다음, 가격인하 조건이 수용되어야 거래대금을 지불한 사례가 있다. 일본에 거주했던 한 중국인이 47만 엔짜리 가구 옆면에 작은 흠집을 발견하고는 집요하게 물고 늘어지며 3시간이나 흥정한 끝에 2만 엔에 구입한 일화도 있다. 중국 상점에는 "그 자리에서 확인하지 않으면 차후에 책임지지 않습니다"라는 표시가 붙어 있다. 현장에서 확인하지 않으면 반품이나 교환은 결코 안 되며 책임도 지지 않는다는 것이 그들의 기본 상거래 관행이다. 반면 자신이 구매할 때에는 외상 결제를 선호하며, 그나마 경미한 하자를 빌미로 지급을 미루거나 거부한다. 그러면서도 한번 신뢰하면 상대방이 배신하기 전에는 먼저 배신하지 않는다. 오랜 친구가 배신할 경우 시간이 걸리더라도 반드시 보복한다고도 한다.[60]

두산인프라코어는 1994년에 비교적 일찍 중국에 진출했다. 그들은 글로벌 기업에 비해 브랜드 인지도가 낮고 해외시장 경험도 부족했지만 시장이 막 형성될 시점에 과감히 진입해 현지화한 끝에 중국 건설장비 시장에서 굴삭기 판매 1위를 달성했다. 초기에는 고생이 이루 말할 수 없을 정도였다고 한다. 중국의 법적, 제도적 장치가 미비해 각종 인허가를 받는 데에도 많은 시간이 소요되었다. 당시 공장설립에 참여했던 관계자는 이렇게 말했다.

"중국은 같은 동양문화권이니 문화적 격차가 크지 않으리라 예상했지만 실제로는 전혀 아니었다. 좌충우돌 끝에 '중국에서는 시간 싸움에서 지면 다 지는 것'이라는 지혜를 터득하게 됐다. 단번에 모든 것을 해결하려 하거나 한국의 문제해결 방식을 그대로 적용하면 안 된다. 무엇보다 인내가 필요하다."

한편 두산인프라코어는 '물건을 팔면 그만이다'는 중국인들의 인식과, 시간에 대한 이른바 '만만디' 관행을 거꾸로 이용했다. 전국적인 AS 체제를 갖추고 '접수 1시간 이내 회신, 2시간 이내 현장도착, 1일 이내 수리완료'라는 1-2-1 캠페인을 벌여 남들보다 한발 앞선 AS로 중국인들의 신뢰를 얻은 것이다. 또한 중국인들이 외상 결제를 선호한다는 점에 착안해 할부판매 제도를 실시했으며 중화사상을 존중해 직원 채용과 조직운영의 현지화에 노력한 것이 주효했다.[61]

모순된 것을 동시에 포용하는 가치관을 이해하는 것 외에도, 중국인은 쉽사리 친구로 받아들이지 않는다는 사실을 염두에 두고 협상에 임해야 한다. 중국은 워낙 광활해 지역에 따라 거래 관행이나 협상 행태가 다르다. 또한 인구가 많으므로 중국인들은 몇몇 친구를 제외하고는 대개 사람들을 '타인'이라 여겨 신뢰하지 않는다. 그러므로 일단은 중국인 상대방이 분배적 협상을 하리라고 전제하는 것이 안전하다. 물론 그들도 장기적인 관계를 중시하기 때문에 장기적인 신뢰를 쌓는 것은 매우 중요하다. 한두 번 식사를 하고 거래가 성사됐다고 해서 신뢰가 쌓였다고 낙관하는 것은 금물이다.

협상은 차이를 배제하는 과정이 아니다

——————————————————————— 1996년 LG전자와 한국 IBM이 PC생산 및 판매를 전담할 합작법인을 설립하는 협상을 시작했다. LG전자의 생산력 및 유통망과 IBM의 기술 및 브랜드 이미지를 결합하면 두 회사에 모두 도움이 된다는 계산에 따른 것이었다.

두 회사는 지분율과 경영진 구성(경영권), 회사명과 브랜드명, 기술제공 범위, 유통망 구축 및 활용방법, IBM의 LG부품 대량구매 등에 관해 협상을 진행했다. 얼핏 보기에 각각의 의제는 한쪽에 유리하면 다른 쪽에 불리해 보였다. 첫째, 지분율은 경영권을 결정하는 요소로 누가 경영진을 임면할 것인가 하는 핵심적인 요소다. 둘째, 브랜드 명에 'LG'를 넣을 것인가, 넣는다면 앞에 넣을지 뒤에 넣을지, 브랜드 명을 어떻게 사용할지를 둘러싸고 이견이 있었다. LG는 LG-IBM을 회사명과 브랜드 명으로 제시한 반면 IBM은 LG를 명기하지 않고 OEM 방식으로 생산하기를 원했다. 셋째, IBM의 기술, 특히 노트북 기술을 어디까지 이전할 것인지가 이슈였다. IBM으로서는 자칫 미래의 경쟁자를 키워주는 형국이 될 수 있었기 때문이다. 넷째, LG와 IBM이 가지고 있는 유통망을 어떻게 활용할 것인지를 논의해야 했다.

LG와 IBM의 입장은 합의를 기대하기 어려울 정도로 모든 면에서 상반되었다. 특히 지분 및 경영권 행사에 대한 서로의 차이는 상당했다. 미국 기업인 IBM은 실질적인 경영권을 행사하는

데 초점을 맞췄다면, 한국의 LG는 대등한 동반자적 관계를 중시했다. 만약 같은 문화권에서 같은 가치를 바탕으로 경영권 다툼을 벌였다면 합의에 이르기 쉽지 않았을 것이다. 그러나 서로 다른 가치를 추구했기에 이를 모두 만족시키는 대안을 찾기가 오히려 수월했다.

오랜 협상 끝에 이들은 합작법인 LG-IBM PC㈜를 세웠다. 초기 자본금은 300억 원이며 두 회사의 참여지분은 LG전자와 한국IBM이 각각 49대 51이었다.[62] 제로섬 게임을 하기보다는 전체 파이를 키워 모두에게 도움이 되도록 하자는 의지가 낳은 결실이었다. 합작법인을 설립함으로써 LG가 원했던 기술습득이 가능해졌고, IBM 또한 유통망을 확보할 수 있었다. 이들이 출시한 싱크패드Thinkpad 노트북 컴퓨터는 2003년에 시장점유율 20%를 기록하는 최고의 히트작이 되었다. 2004년에 다시 LG와 IBM에 분할 합병될 때까지, LG-IBM PC는 국내 컴퓨터 시장의 선두주자 자리를 지켰다.

이처럼 협상은 서로의 차이점을 배제하는 과정이 아니다. 오히려 상대방과 나의 차이야말로 협상을 성공으로 이끌 수 있는 열쇠다. 각자 중요시하는 우선순위의 차이가 있다면 그것을 활용해 윈윈 협상을 이끌어낼 수 있다. 미래전망의 차이나 문화적 차이, 가치관의 차이도 잘 활용하면 협상의 장애요인이 아니라 윈윈 협상의 기회가 된다. 이러한 차이를 찾아내고 활용하는 것이 협상의 핵심이며 묘미다.

이를 위해서는 충분한 준비와 유연하고 창의적인 접근이 필요하다. 겉으로 드러난 의제만이 아니라 숨어 있는 추가적인 의제를 발굴한다면 분배적 협상을 넘어 통합적 협상으로 진전될 수 있다. 가격만 협상하는 상황에서 미래의 추가 서비스 가능성을 찾거나, 장기거래의 가능성을 찾을 수 있지 않겠는가? 가격 외에 상대방의 명분과 자존심을 높여주는 방안을 찾아낼 수도 있을 테고 말이다.

PART 3
방법의 오류에 빠지지 말라

CHAPTER 7

원하는 만큼만
요구하는 것이
합리적인가

"원하는 만큼만 요구하여
그대로 타결하는
정직함이 가장 효과적인
협상법이다."

당신은 이에 동의하는가?

한국의 경영자 100인에게 물었더니
17%가 "그렇다"고 대답했다

⊡

　김 사장은 훌륭한 제품을 정직한 가격에 판매한다는 기업윤리의 신봉자다. 고객의 요구에 따라 맞춤형 기계를 제작해 납품하는 그는 언제나 최소한의 마진만 남기고 판매한다는 원칙을 지킨다.

　그런데 이 원칙이 가끔 문제를 일으킨다. 고객들은 으레 가격을 깎으려 하는데, 김 사장이 단칼에 거절하면 사업을 그런 식으로 하느냐고 불만을 터뜨리는 것이다. 더 할인하면 손해라는 김 사장의 말을 엄살로 듣는 듯하다. 사업의 성격상 반복구매보다는 단발성 거래가 많은지라 그의 사정을 이해해주는 고객도 별로 없다.

　그렇다면 처음에 높은 가격을 불렀다가 조금씩 낮춰주면 되지 않을까? 그러나 김 사장이 보기에는 자신의 정직성을 훼손하는 꼼수일 뿐이다. 어차피 적정 가격선이 있는데 괜히 흥정해봐야 시간낭비이며, 자신의 자존심과 제품의 평판을 해칠 뿐이라고 생각한다. 고집불통에 꽉꽉한 김 사장, 그러나 자신은 정직하고 나름대로 훌륭한 협상가라고 생각하고 있다. 지금은 비판하는 사람이 많지만 시간이 지나면 자신을 이해하고 지지해줄 것이라 믿고 있다.

협상을 할 때 처음부터 최저조건을 제시하는 이들이 더러 있다. 상대방의 입장까지 충분히 고려해 '이 정도면 상대방도 흔쾌히 동의할 것이다'라고 생각하는 것이다. 협상을 두려워하는 유형이나 김 사장처럼 정직을 중요시하는 이들의 경우다. 과연 정직함은 협상에서도 최고의 가치일까?

인간은 누구나 상대방에게 인정받기를 원한다. 심지어 잘 모르는 사람에게도 대접받고 싶어 하고, 특별 혜택을 주면 좋아한다. 연구결과에 의하면 할인 없이 최초가격 그대로 지불한 경우와 적당히 할인받은 경우, 같은 가격에 샀다 하더라도 후자의 만족도가 높았다.[63]

아무리 당신이 정직한 조건을 제시해도 상대방이 당신에 대해 잘 알지 못한다면 당신이 적절한 조건을 제시했다는 것을 신뢰하지 못할 것이다. 그럴수록 더 양보해달라는 요구는 빈번해진다. 당신이 이에 전혀 반응하지 않고 받아들이지 않는다면 상대방은 자신이 무시당했다고 생각하게 된다. 그래서 협상을 결렬시키거나, 타결된다 해도 결과에 불만을 가지게 된다.

어떤 협상이든 자신을 만족시키는 만큼 상대방도 만족시켜야 한다. 대부분의 협상은 그 자체로 완결이 아니라 실행의 출발점이다. 특히 전략적 제휴 협상의 타결은 프로세스의 완성이 아니라 동반자 관계의 시작일 뿐이다. 빌딩 건축을 위해 건축주와 건설회사가 하는 협상은 차후 이어지는 설계, 기초, 건축, 사후관리 등 실행을 위한 첫걸음이다. 협상에서 상대방을 만족시켜 첫 단추를 잘 꿰면 이후 실행도 한결 원만해진다. 반대로 상대방이 협상결과에 만족하지 못했다면 실행하는 내내 불만을 표출하거나 태만하게 굴 가능성이 크다. 장기간 함께하는 사안이 아니더라도, 언제 어디서 상대방을 다시 만나게 될지 모른다. 그때 그는 지난번의 불만을 보상받으려 할 테니, 미지의 훗날을 위해서라도 협상에서 상대방을 만족시킬 수 있는 운용의 묘는 필요하다.

충분히 양보할 수 있도록 충분히 요구하라

──────────────────────── 사립학교인 H대학교는 매년 학교와 노동조합이 임금협상을 한다.[64] 학교 측은 부총장을 대표로 기획조정처장, 행정지원처장, 총무부처장, 예산과장, 총무과장 등 7명이 협상에 참여한다. 노조 측 협상팀은 전국대학노조의 H대 지부장, 수석부지부장, 부지부장, 사무국장, 정책부장, 여성부장 등 7명이다. 이번 협상에서 노조의 요구안은 크게 두 가지다. 임금인상률 7%, 그리고 사학연금의 학교부담 비율을 현행 50%에서 100%로 상향조정할 것. 한편 학교 측에서는 등록금 수입이 줄고 여러 가지 지출요인이 늘어나 학교재정이 어려운 점을 설명하며 임금인상률 3%를 제시했다.

3월에 시작한 협상은 5개월 동안 이어졌으나 합의에 이르지 못하고 결국 결렬되고 말았다. 5월에 개최된 3차 실무교섭회의에서 노조 측은 당초 제시한 임금인상률을 7%에서 3%로 하향 조정하는 양보안을 제시했다. 그러나 학교 측은 기존의 입장을 고수했다. 여기에는 나름의 사정이 있었다. 학교 측은 예산이 공개돼 있고, 그에 맞춰 수입-지출의 균형을 이루는 임금인상률을 3%로 계산해 그대로 최초조건으로 제시한 것이었다. 학교의 예산이 어느 규모인지는 노조도 물론 알고 있었다. 그러나 노조로서는 상당히 양보했는데도 학교 측이 전혀 양보하지 않으니 학교 측이 협상에 무성의하게 임한다고 여기게 되었고, 결국 갈등이 깊어져 협상결렬을 선언하기에 이르렀다.

모든 정보가 공개된 만큼 학교 측은 정직하게 최초조건을 제시하고 협상에 임할 수밖에 없는 상황이었다. 그러나 상황이 어떻든 한쪽에서는 양보했는데 다른 한쪽에서는 전혀 양보하지 않는다면 양보한 쪽에서는 불만을 가지고 이를 문제 삼을 수밖에 없다.

이와 같은 사례는 불웨어리즘^{Boulwarism}이라는 이름으로 알려진 1940년대 GE의 노사협상에서도 나타났다. GE의 노사 및 사회관계 부사장이었던 레뮤얼 불웨어^{Lemuel Boulware}가 20년간 고수한 협상전략은 단 하나, '양자택일^{take-it-or-leave-it}'이었다. 노사 간의 소모적인 줄다리기에 염증을 느낀 그는 협상할 필요가 없는 협상을 하겠다고 마음먹었다. 회사의 모든 상황을 고려해 가장 합리적인 조건을 제시하고는 한 발짝도 양보하지 않은 것이다. 그러나 노조는 이에 대해 자신들을 모독하는 처사라며 격

럴히 반발했다. 노조는 사용자 측의 협상거부, 임금결정 과정의 불투명성, 노조의견 무시, 노조의 영향력 훼손 등을 문제 삼았고,[65] 이후 수년간 극심한 노사갈등이 이어졌다.

우리 사회에서도 많이 나타나는 현상 아닌가? 자기 집단의 목표를 그대로 최초조건으로 제시하고는 한 발짝도 물러서지 않으려는 태도, 이는 우리 사회의 집단 갈등을 심화시키는 요인 중 하나다. 이처럼 최초조건을 고수하는 행동은 협상의 여지를 없애버려 상대방의 불만을 자극하고 부정적인 결과를 초래할 위험이 크다. 특히 개인 간이 아닌 조직 대 조직의 협상에서 더 문제가 된다. 회사나 조직을 대표하는 협상대표는 협상결과를 조직에 보고하고 평가받게 된다. 상대방이 제시한 조건이 아무리 좋더라도 그것을 그대로 수용하고 돌아오면 상대방의 논리에 휘말렸다는 인상을 주거나, 아무 노력도 하지 않고 책임을 방기했다는 비판을 받기 십상이다.

자신과 상대방의 만족도를 함께 높이려면 지나치게 정직함만 앞세우기보다는 여유공간을 만들어야 한다. 적정선의 목표가격을 책정한 다음 양보할 수 있는 여유를 더해서 최초조건을 제시하라는 것이다.[66] 특히 조직 간의 협상에서는 양보해줄 여지가 없는 최초조건을 제시하고 밀어붙이는 행동은 금물이다. 양보할 것을 고려해 우리에게 충분히 유리한 조건을 제시하고, 이로부터 상호 양보를 해나가는 것이 현명하다.

최초조건이 협상에서 차지하는 의미는 매우 크다. 최초조건을 제시할 때에는 통상 그 조건을 제시하게 된 상황과 이유 등을 설명한다. 그러면 이 설명에 대해 상대방이 논박하고 자신은 다시 옹호하면서 자연스럽게 최초의 논리와 상황을 중심으로 인식의 범위가 한정되는 '닻 내리기 효과anchoring effect' [67]가 나타난다. 닻을 내린 배가 그 닻을 중심으로 일정 범위를 벗어나지 못하는 것처럼 말이다. 따라서 최초조건을 제시할 때에는 그 조건을 뒷받침할 수 있는 근거자료와 논리적인 이유는 물론, 이야깃거리를 충분히 준비해 가능한 한 이를 중심으로 유리하게 대화를 풀어가야 한다.

또한 서로가 합리적인 수준에서 최초조건을 제시했다면 두 조건의 중간 수준에서 합의가 이루어질 가능성이 높다. 협상에서 일방적인 양보는 드물기 때문에, 서로 양보를 주고받다 보면 중간점에서 합의가 이루어질 가능성이 높아진다. 이를 '중간합의 편향midpoint bias' 이라 한다. 실제로 지난 10년간 기업인과 학생들을 대상으로 둘씩 짝을 지어 공장을 사고 파는 협상 시뮬레이션을 해보니, 합의가 이루어진 88개[68] 사례 중 71.6%에서 양자가 각각 최초로 제시한 가격의 평균값±5% 범위 안에서 최종가격이 결정되었다. 평균값±10%의 범위에서 최종합의가 이루어진 경우는 86.4%나 되었다.

이런 이유로 최초조건에 여유가 필요한 것이다. 그렇다면 얼마나 여유를 두고 시작하는 것이 좋을까? 답은 '스스로 정당성을 설명할 수 있는 최대한' 이다. 최초조건을 공격적으로 제시해서 충분한 여유를 확보할수록 협상에 여유 있게 임할 수 있다. 상대방의 요구를 수용해 유연하게 양보해줄 수 있으니 상대방의 만족도도 높일 수 있다. 단, 오해는 하지 말자. 공격적으로 제시하라는 것은 조건 자체를 충분히 여유 있게 제시하라는 것이지 공격적인 태도를 보이라는 의미가 아니다. 태도는 언제나 부드러움을 유지해야 한다. 아울러 여유공간을 가진다 해서 합당한 이유를 댈 수 없을 만큼 무리한 조건을 제시한다면 자가당착에 빠지고 신뢰도 잃게 되니 주의하자. 이때는 '업계의 관행'이 적절한 기준선이 될 수도 있다. 업계 표준을 넘어서는 요구를 하면서 합리적인 이유를 제시하지 못한다면 신뢰를 기대하기 어렵다.

최초조건, 던질 것인가, 던지게 할 것인가

——————————————————— 2002년 초, 부품을 납품하는 우리나라의 A사와 이를 공급받아 자동차 부품 등을 제조하는 영국의 T기업 간에 XL-7010 모델의 납품가 인상 협상이 진행되었다.[69] 기존 납품가는 개당 1만 1800달러였는데 이는 3년 전의 시세를 반영한 것으로, 그사이 국제 원자재가격 상승 등의 요인으로 시세가 1만 8000달러까지 상승했고 2002년 중반을 넘어서면 1만 9000달러에 이를 것으로 예상되었다. A사의 해외영업 부문에 속한 협상팀은 생산기획팀, 재무팀의 의견을 구

하고 수차례 내부회의와 최고경영진 검토를 거쳐 목표가격을 1만 8500달러로 결정했다. 최초로 제시할 가격이자 최대가격은 1만 9500달러, 최저조건은 1만 7500달러로 정했다.

A사로서는 합리적인 제안이었지만 어찌됐든 납품가를 45%나 인상하는 요구안이이어서 상대방이 반발할 가능성이 컸다. T사의 정보를 수집하고 니즈를 파악해 그들의 예상 반응을 면밀히 검토한 결과, 상대방이 1만 6000~1만 7000달러를 제시할 것이라 예측했다. A사에서는 이를 방어하는 논리로 3년 전의 최초가격이 시세보다 낮게 책정되었고, 다음 구매 시에는 제대로 된 가격으로 구매하겠다고 담당자 사이에 암묵적으로 합의되었던 점, 그동안 원자재가격과 시가가 상승한 점을 설명하고, 필요할 경우 그동안 낮은 가격에 납품하느라 어려움을 겪었다는 사실을 감성에 호소한다는 전략을 세웠다.

1차 협상은 런던의 T사 회의실에서 열렸다. A사의 협상팀장이 먼저 말문을 열었다.

"우리가 1만 9500달러를 제시하는 가장 큰 이유는 국제 원자재가격 상승에 따른 XL-7010 모델의 가격인상 때문입니다. 아시다시피 본 품목의 국제거래 시세는 최초계약시점인 3년 전에 비해 45%가량 상승했습니다. 따라서 납품단가도 국제시세에 맞춰 인상이 불가피합니다."

이에 T사의 협상대표인 로페즈가 대답했다. 자신들도 원자재가격 상승을 잘 알고 있고 납품가 인상에도 공감하지만, 45%나

인상하는 것은 전례가 없고 생각해본 적도 없다는 것이다. A사는 지난 3년간 낮은 가격에 납품하면서 해마다 개당 2000달러 가량의 금전적 손실을 감수해왔다는 점을 언급하면서 타사의 유사모델 가격이 1만 5800달러라는 자료도 제시했다. 그러나 로페즈의 입장은 완강했다. 기존 담당자들 간에 오갔던 구두 약속도 언급했지만 소용없었다. 첫날 협상은 서로의 입장 차이만 확인하는 데 만족해야 했다.

이대로는 아무것도 안 되겠다는 생각에 협상팀장은 T사의 생산기획담당 이사와 별도로 저녁식사 자리를 마련했다. 그는 협상대표는 아니지만 예전에 공동개발 프로젝트를 수행하면서 A사의 임직원들과 친분관계가 두터워진 인물이었다. 협상팀은 그와의 대화를 통해 T사가 A사를 신뢰하고 있음을 확인했다. 아울러 협상대표인 로페즈가 스페인 출신으로 마드리드에서 10년 이상 근무했고, 고집은 세지만 합리적인 사람이며 독실한 가톨릭 신자라는 점, 그리고 거울을 자주 보며 외모를 가꾼다는 점 등을 알게 되었다.

이틀 후 2차 협상이 재개되었다. A사의 협상팀은 다음과 같은 인사말로 대화를 시작했다.

"Buenos Dias, Senora Lopez! Tuve el sueno bueno en la noche pasado(로페즈 씨, 좋은 아침입니다. 간밤에 좋은 꿈 꾸셨나요)? 아침에 몸이 가볍고 상쾌한 것이 오늘은 좋은 방향으로 타결될 것 같은데요?"

"스페인어가 훌륭하시군요! 저도 그러길 바랍니다. 귀사의 조건에 많은 양보가 이루어진다면 말이죠."

"그런데 당신은 마드리드 출신인가요? 마드리드 지사에 오래 근무했다고 들었습니다."

"아니오. 저는 비르셀로나 출신입니다. 혹시 와본 적 있나요?"

"그럼요. 정말 아름다운 도시죠. 2000년 크리스마스 때는 사그라다 파밀리아 성당에서 미사도 봤는데요. FC바르셀로나의 경기도 관람했고요. 저는 트리스탄과 사비올라 선수의 열렬한 팬입니다."

그 후로도 한국의 가톨릭 등에 관한 이야기가 오가는 등, 서로의 개인적 관심사를 나누며 분위기가 한결 부드러워졌다. 이후 진행된 협상에서 A사 측은 1차 협상 때보다 1000달러 내린 1만 8500달러를 제안했고, T사는 1만 7000달러를 제시했다. 양측이 1500달러의 차이를 좀처럼 좁히지 못하자 A사 협상팀은 5분간 휴식을 제의하며 로페즈에게 간단한 선물을 건넸다. 작은 손거울이었는데, A사 협상팀이 선물을 풀어 보이며 "협상이 끝날 때까지 인상 쓰는 사람은 거울로 얼굴을 비추자"는 제안을 하며 부드러운 분위기를 유도했다.

재개된 협상에서 T사 협상팀은 기존의 완강한 입장을 다소 누그러뜨리며 1만 7500달러를 제시했다. A사 협상팀은 목표가격을 1만 8000달러로 조정하고 이를 관철하기 위해 본사에서 작성한 보고서를 T사 측에 제시했다. 아울러 경쟁사가 프랑스 C사에 1만 8800달러에 동급제품을 납품하기로 지난주에 계약했고 앞으로 가격을 더 인상할 것이라는 사실을 환기시키며, 자사는 향후 3년간 1만 8000달러로 가격을 동결한다는 점을 강조했다. 내부회의를 거친 T사 협상팀은 마침내 1만 8000달러를 수용하기로 결정했다.

양측 모두 시작 단계에서 합리적인 근거를 가지고 자신이 원하는 가격을 충분히 여유 있게 제시했다. 이를 위해 사전조사와 준비를 철저히 했음은 물론이다. 초기에는 서로의 입장 차이가 커서 협상이 원만히 진행되지 않는 듯했지만 서로 양보를 주고받으며 타협점을 찾았다. 두 회사 간에 기본적인 신뢰가 있었고, 여기에 협상대표 사이에 인간적인 이해와 신뢰가 더해진 것도 도움이 되었다.

A사는 협상을 시작하면서 1만 9500달러를 최초조건으로 제시했다. 최초조건을 어떻게 제시하는가는 여러 가지로 협상결과에 영향을 미친다. 협상 테이블에서 상대방보다 먼저 최초조건을 제시할 것인지, 상대방이 제시하도록 할 것인지 망설일 때가 있다. 경영자들에게 이 질문을 던지면 "상대방에게 먼저 제시하도록 하고 그에 따라 반응한다" 또는 "파는 쪽이 먼저 제시한다"고 대답하는 경우가 많다.

그러나 훈련된 협상가의 대답은 다르다. 그들은 자신이 먼저 조건을 제시한다. 이유는 이미 설명했다. 최초조건을 제시할 때에는 그 조건이 합당한 이유나 상황을 설명하게 된다. 그러면서 자연스럽게 처음에 제시된 조건이 하나의 기준이 된다. 앞에서 말한 닻 내리기 효과다. 상대방은 그에 대해 반박하거나 조건을 제시하게 된 이유를 묻게 되는데, 자신은 반박한다고 생각하겠지만 그럴수록 오히려 논리의 범주로 들어올 뿐이다. 백화점이나 상점에서 마음에 드는 상품이 있으면 가격표를 먼저 보는데, 말하자면 이것도 판매자가 먼저 최초조건을 제시하는 셈이다. 상인들은 오랜 경험과 관행에서 온 지혜를 통해 의식적, 무의식적으로 먼저 최초조건을 제시하는 것이다.

그런데 앞에서 중국인들은 자신의 의도는 가급적 감추고 상대방으로 하여금 먼저 의사표시를 하게 한다고 했는데, 그렇다면 중국인들은 협상을 못하는 것일까? 그러나 기본적인 신뢰 수준이 낮은 사회에서는 상대방 행동의 진정성을 알 수 없고, 자신의 발언을 상대방이 악용하지 않으리라는 보장도 없다. 중국인들이 자신의 패를 섣불리 내보이지 않으려는 이유도 이런 맥락에서 이해해야 한다.

결국 최초조건을 먼저 제시할지 말지에 대한 대답은 기본적인 신뢰 수준에 따라 달라진다고 하겠다. 상대방에 대한 기본적인 신뢰가 있고, 산업이나 사회 내에서 어느 정도 알려진 상대방과 거래하며, 사전에 협상을 철저히 준비해서 무엇을 얼마만큼 요구해야 하는지 잘 알고 있다면 자신의 요구사항을 먼저 제시하는 편이 합리적이다. 반대로 상대방을 전혀 신뢰할 수 없거나,

거래하고자 하는 대상에 대한 정보가 부족하거나, 해당 산업의 거래관행에 대해 생소하고, 무엇을 얼마나 요구해야 할지 머릿속에 정리되지 않았다면 상대방의 요구를 먼저 들으면서 관찰할 수밖에 없다. 그러나 가능하다면 듣는 입장이 되지 않도록 사전에 준비를 철저히 하는 것이 협상의 기본이다.

부득이하게 상대방이 먼저 최초조건을 제시하게 됐다면 어떻게 대처하는 것이 바람직한가?

숙련된 협상가들은 상대방의 최초조건과 상관없이 자신이 준비한 최초조건을 제시하고 이유와 논리를 설명하라고 제안한다. 심지어 자신의 조건을 미리 적어가서 그대로 제시하는 방안을 추천하기도 한다. 상대방의 최초조건과 차이가 크더라도 근거와 논리가 충분하다면 괜히 협상이 결렬될까 봐 자신의 최초조건을 수정할 필요는 없다는 것이다. 최초조건을 수정하는 순간 애초에 기대했던 결과는 실현되기 어렵다. 앞에서 설명한 중간효과가 작동하기 때문이다.

물건을 구매할 때 미리 여러 곳의 가격을 비교해 최저가격 등 제반사항을 확실히 알았다면 백화점과 같은 정찰제 상점, 즉 상대방이 먼저 최초조건을 게시한 곳에서도 얼마든지 자신이 구매하고자 하는 가격을 제시하고 할인받을 수 있다.

목표조건에 충분히 여유를 더해 최초조건을 제시함으로써 원하는 결과를 얻는 것은 언뜻 분배적 협상에서만 요긴한 방법처럼 보인다. 그러나 고객의 성화에 못 이겨 물건 값을 깎아줬다 해도 상점이 반드시 손해를 봤다고만 해석할 수는 없다. 상점 또한 물건을 판매함으로써 재고를 남기지 않고, 자금을 회전시키며, 나아가 미래의 잠재고객을 얻었을 수 있다. 의도하지 않았더라도 양자의 진정한 목적을 달성하도록 하는 원원 협상은 이루어질 수 있다.

양보는 서로 주고받아야 한다

──────────── 2차 세계대전 이후 미국과 소련의 군축회담이 연속해서 이루어졌는데, 회담이 계속되면서 서로 동등하게 양보를 주고받는 관행이 정착되었다. 간혹 한쪽이 일방적으로 양보하는 일이 있고 나면 그다음 회담에서 서로의 양보가 줄어들었고, 지난 회담에서 양보하지 않은 점을 지적해 상대방의 양보를 받아내곤 했다.[70]

이처럼 양보란 서로 번갈아가며 주고받는 것이다. 내가 양보하면 상대방도 양보할 것이라 기대하며 협상을 진행시켜 합의에 이르게 마련이다. 그런데 간혹 자신은 양보하지 않으면서 상대방의 양보만 연거푸 요구하는 경우가 있다. 상대방으로서는 당연히 불만스러운 상황. 그런데 더 흥미로운 사실이 있다. 한쪽이 상대방의 요구에 따라 연속해서 양보하면 상대방은 오히려 그 양보를 덜 중요한 것으로 간주하거나, 심지어 양보한 쪽을 믿지 못하게 된다는 것이다.[71] 어느 한쪽도 협상에 만족하지 못하게 되는 것. 따라서 양보는 일방적으로 하기보다는 서로 주고받아야 한다.

2011년, 국내의 대표적인 게임 기업인 넥슨과 CJ넷마블(현 넷마블)이 일대 혈전을 벌였다. '서든어택' 게임의 서비스 쟁탈전이 벌어진 것이다.[72]

서든어택은 1인칭 슈팅게임의 절대지존으로 군림하며 7년간 CJ넷마블의 든든한 캐시카우 역할을 했다. CJ넷마블은 2005년 5월 서든어택을 개발한 게임하이와 퍼블리싱 계약을 맺고 자사 게임포털인 넷마블을 통해 서비스를 제공했다. 그 후 2006년 7월에 양측은 5년간 넷마블에서 서든어택을 서비스하는 퍼블리싱 계약을 맺고 정식 서비스를 시작했다. 이후 그들은 돈독한 파트너십을 맺고, 2008년에는 '서든어택2'의 퍼블리싱 계약을 맺으며 지속적인 관계를 형성했다.

문제는 2010년에 넥슨이 게임하이를 인수하면서 시작되었다. 사실 CJ넷마블과 게임하이는 수익배분 비율을 놓고 전부터 미묘한 견해 차이를 보였는데, 게임하이 인수를 검토하던 CJ가 결국 포기하자 물밑협상을 진행하던 넥슨이 곧바로 게임하이를 인수한 것이다. 든든한 캐시카우를 포기하지 않으려는 CJ넷마블과 서든어택이라는 또 하나의 콘텐츠를 쥐고자 했던 넥슨의 이해관계는 서로 충돌할 수밖에 없었다. 특히 넥슨이 넥슨 포털에서 서든어택을 자체 서비스할 준비를 하고 있었기 때문에 CJ

와 넥슨, CJ넷마블과 게임하이 간의 협상은 피할 수 없는 형국으로 진행되었다. 두 기업 모두 서든어택을 두고 양립할 수 없는 입장이었고 해당 게임에 대한 기대가치도 유사했기에, 서든어택 서비스 권한을 둘러싼 협상은 처음부터 난항이 예고되었다.

넥슨의 자회사가 된 게임하이와 CJ넷마블은 서든어택의 매출 기여도를 둘러싸고 치열한 협상을 벌였다. 그러나 견해 차이 및 서로에 대한 배려 부족 등으로 협상이 진전되지 못하자 CJ넷마블은 서든어택 재계약과 관련된 협상내용을 홈페이지에 공개하는 벼랑끝 전술을 벌이며 여론전에 돌입하기에 이르렀다. 그러나 게임하이가 제시한 재계약금과 계약기간, 수익배분 등 상세 내용까지 공개한 바람에 게임하이 및 넥슨의 반발과 격렬한 논쟁만 불러 일으켰다.

넥슨과 CJ넷마블이 초기 협상에서 난항을 겪었던 이유는 바로 협상과정에서 우위를 차지하기 위해 상황이나 상대의 배트나를 전혀 고려하지 않고 부적절한 언행을 했기 때문이다. 엄연히 협상 중인데도 CJ넷마블이 게임하이에 제안한 조건을 일방적으로 외부에 공개하거나 서로를 비난했던 행위는 상대의 거센 반발을 불러와 협상을 어렵게 만들었다. 게임하이를 인수한 넥슨의 협상력이 당시 CJ넷마블보다 우위에 있던 점을 감안할 때, 넷마블은 상황 및 상대방의 대응에 따라 협상전략과 감정관리를 새롭게 했어야 했다.[73]

결과적으로 CJ넷마블이 향후 2년간 공동 퍼블리싱을 요청한

후 서든어택 회원 DB를 넥슨에 넘기는 한편, 2013년부터는 서든어택에 대한 독점적 퍼블리싱을 넥슨이 진행하기로 양보한 후에야 협상은 타결되었다. 넥슨 역시 서든어택의 안정적인 서비스와 2년 후 진행될 독점적 권한을 보장받을 수 있다는 점에서 CJ넷마블의 공동 퍼블리싱 제안을 수락했다.

감정싸움으로 결렬을 초래할 뻔했던 협상이 공동 퍼블리싱으로 원만히 해결되면서 게임 개발사 게임하이와 인수합병사인 넥슨, 그리고 기존 퍼블리싱 회사인 CJ넷마블은 결과적으로 모두 시장의 신뢰를 되찾고 윈윈하는 계기를 만들 수 있었다. 넥슨은 게임하이와 CJ넷마블의 분쟁해결을 주도하면서 서든어택 게임 관련 해외 판권을 확보하고, CJ넷마블 역시 서든어택 서비스를 2년 연장함으로써 신규 게임 및 사업방향을 전환할 기간을 확보했다.

초기에는 넥슨과 CJ넷마블이 각자의 입장만 고수하며 해결되지 않을 것처럼 보였지만, 일단 양자가 협상 테이블에 앉았다는 것은 서로 조건을 주고받음으로써 이로운 결과가 나오리라고 기대한다는 것을 의미한다. 초기에 각자의 요구사항을 제시하며 주장을 펼치다 보면 서로 거리가 먼 것 같고 당장이라도 협상이 결렬될 것 같다. 그러나 자신의 주장을 합리적으로 설명할 수 있다면 일방적으로 협상을 결렬시킬 이유는 없다. 그럼에도 협상을 결렬시킨다면 애초에 진정성이 없었다는 뜻이다.

그러니 상대방과의 관계나 체면, 기업의 평판 등을 고려하거나 협상이 결렬될 것을 염려해 처음부터 자신이 원하는 것을 요구하지 않을 필요가 없다. 협상가들에게 금언은 이것이다. "요구하지 않은 것은 받을 수 없다." 자신이 요구하지 않는데 상대방이 알아서 더 챙겨줄 리 만무하다. 고대 중국의 협상가들은 선쟁후화先爭後和를 중요한 협상의 방법으로 삼았다.[74] 먼저 경쟁적으로 자신에게 유리한 조건을 확보하고 후에 화합하여 합의에 이르는 것이다. 합리적인 근거를 가지고 충분히 요구하고 서로 진정성을 가지고 성실히 협상에 임한다면 합리적인 수준에서 양보를 주고받으며 창의적인 대안을 마련할 수 있을 것이다.

CHAPTER 8

중간 즈음에서 적당히 타협하는 게 현실적인가

"서로 적당히
양보하고 타협해야
좋은 협상결과를
얻을 수 있다."

당신은 이에 동의하는가?

한국의 경영자 100인에게 물었더니
85%가 "그렇다"고 대답했다

　A기업의 김 사장은 협상에서는 서로의 이해관계가 상반되므로 자신의 입장을 고집해서는 타결될 수 없다는 것을 잘 알고 있다. 적당히 양보하면 상대방의 양보를 유도할 수 있고, 결과적으로 서로가 적당히 양보해서 타협하는 것이 최상이라 믿고 실천한다.

　예컨대 이런 식이다. 자사의 제품을 얼마에 납품할지 협상 중인데, 김 사장은 120만 원을 요구하는 데 반해 상대방은 80만 원에 구입하겠다고 한다. 서로 밀고 당기기를 거듭한 결과 양측은 중간지점인 100만 원에 합의한다. 다음으로 제품의 품질에 대해서는 상급, 중급, 하급 가운데 협상을 벌여 중급으로 납품하기로 정한다. 대급지급 조건에 대해 김 사장은 일부 선금을 받고 제품 인도와 함께 잔금을 받고자 하나 구매자는 제품 인도 3개월 후에 대금을 지급하겠다고 제안한다. 협상을 통해 이들은 제품 인도 1.5개월 후에 대금을 지급하기로 합의한다. AS도 김 사장은 유료 서비스를 원하지만 구매자는 무료로 제공받기 원한다. 이 역시 협상을 통해 1년간 무료, 그 이후는 유료로 하기로 합의한다.

말도 안 되는 협상이라 생각하는가? 당신이 어떻게 생각할지 모르겠지만, 양보와 타협이 최선의 협상이라 믿는 사람들의 협상 행태는 김 사장과 별반 다르지 않다. 물론 서로 양보하는 것은 중요하고 합의에 이르는 데 반드시 필요하다. 그러나 단순히 여러 조건들을 서로 적당히 양보하여 중간지점 언저리에서 절충점을 찾는 것만으로는 최상의 협상결과를 얻을 수 없다. 모든 의제에서 어느 누구도 원하는 바를 충족하지 못했기 때문이다. 그 상태로 협상을 종료한다면, 이는 협상 테이블에 돈을 흘려두고 나오는 것이나 마찬가지다.

협상 테이블에 돈을 남겨두고 나올 것인가

─────────────────────── 서로 양보를 주고받기 전에 무엇을 더 양보하고 무엇을 더 받을 것인지 생각해보았는가? 우리에게 덜 중요하고 상대방에게 더 중요한 것을 충분히 양보하고, 우리에게 더 중요하고 상대방에게 덜 중요한 것을 충분히 양보받는 것이 당연히 결과도 좋다.

충분히 양보하고 양보받는 것이 어떤 결과를 낳는지 보여주는 사례가 있다. 세 지자체와 공군 사이에 진행된 수원 비상활주로 이전 협상이다.[75]

비상활주로는 비행장 활주로가 적의 공격 등으로 파괴돼 항공기가 이착륙을 하지 못할 경우에 대비해 마련된 시설로, 평시에는 일반도로로 사용된다. 수원 비상활주로는 1983년에 지정된 이래 실제로 활주로로 사용된 적은 한 번도 없었다. 하지만 엄연히 활주로이기 때문에 인근 일정 범위는 건물높이가 11층으로 제한되는 등 고도제한 규제를 받는다.

문제는 이 도로가 전국의 비상활주로 5곳 중 유일하게 도심에 있다는 점이다. 도로가 비상활주로로 지정되는 바람에 수원시와 화성시 주민 2만 6000여 가구가 고도제한에 꼼짝 없이 묶여버리게 되었다. 재산권을 제대로 행사하지 못하게 된 주민들의 불만이 쌓여온 것은 불 보듯 뻔한 일. 그들은 국방부에 비상활주로 지정해제 혹은 활주로 이전과 관련한 민원을 끊임없이 제기하고 국가를 상대로 손해배상 청구소송을 하기도 했다. 지역개발 이슈가 걸린 수원시도 이에 합세했으며, 총선에서 해당 지역 후보들도 앞 다투어 비상활주로 이전을 핵심공약으로 내걸었다. 수원시가 제시한 요구사항은 크게 4가지, 즉 피해주민에 대한 실질적인 대책 마련, 고도제한 완화, 수원 비상활주로 해제, 수원비행장 이전이었다.

그럼에도 공군의 입장은 미온적이었다. 그도 그럴 수밖에 없는 것이, 공군은 국가안보상 전시戰時나 비상시를 대비해 수도권에 공군비행장과 비상활주로를 확보하는 것이 무엇보다 중요하다. 그런 만큼 수원시의 요구, 특히 수원비행장 이전은 결코 받아들일 수 없었다.

공군의 입장에 변화가 없자, 2010년부터 경기도가 가세해 '수원 비상활주로 해제' 및 '수원비행장 내 비상활주로 건설'이라는 대안을 제시하며 협상에 동참했다. 이후 법원의 연이은 비행장 소음피해 배상 판결이 나오고, 수원시가 환경소음 관련 조사 결과를 발표하는 등 다방면의 압력이 이어지자 공군이 비로소 움직이기 시작했다. 비상활주로를 수원비행장 내로 이전하기로 한 것이다. 아울러 건축물 고도제한 규정을 일부 완화하고, 비상활주로에 고정용 항공등화를 설치하지 않으며, 평시에는 일반 목적의 이착륙 비행훈련 용도로 사용하지 않기로 해 소음피해에 대한 주민들의 우려를 해소했다. '수원비행장 유지'라는 가장 중요한 목적을 이루기 위해 다른 사안에 대해서는 충분히 양보한 것이다.

그러나 이것으로 끝이 아니었다. 이전비용은 어떻게 할 것인가?

이 또한 전략적 양보를 통해 해결되었다. 지역주민들에게는 재산권 확보와 소음문제 해결이 가장 중요한 목적이었다. 우선 소음문제는 공군으로부터 비상활주로 사용을 제한하겠다는 약속을 받음으로써 어느 정도 해결되었다. 아울러 비상활주로를 수원비행장 내로 이전함과 동시에 고도제한이 완화됨으로써 재산권 확보가 가능해졌다. 경기개발연구원에서 수원 비상활주로 해제 효과에 대한 연구용역을 실시한 결과에 따르면 건설투자(3조 4000억 원), 소득창출(2조 7000억 원), 고용창출(5만 1000명),

세입증가(860억 원) 등의 경제적 효과가 있는 것으로 나타났다. 이에 따라 비상활주로 건설비용 200억 원은 3개 지자체가 분담하기로 양보했다. 이 중 가장 혜택을 많이 볼 것으로 예상되는 수원시가 솔선함으로써 다른 자치단체들의 양보를 유도해 원만한 타결이 이루어졌다.

이 사례에서 공군은 비행장 확보가, 지자체는 주민들의 재산권 확보 및 소음문제 해결이 가장 큰 의제였다. 자칫 지리한 공방전이 될 수 있었던 사안이었지만 이들은 각자가 가장 중요하게 여기는 것을 파악하고, 이를 충족시키는 타협점을 찾아 문제를 해결했다.

기대가치를 극대화하는 파레토의 최적점 찾기

──────────────────────────── 이처럼 각자가 생각하는 중요도에 따라 충분히 양보하고 양보받는다면 윈윈의 결과를 달성할 수 있다. 6장에서 예로 든 LG-IBM PC와 비슷한 협상상황이 당신에게 생겼다고 생각해보자. 이해를 돕기 위해 가명을 사용해 가상적으로 상황을 단순화해보자. 한국의 K전자와 글로벌 기업인 M사가 합작회사를 설립해 노트북과 PC를 판매하는 것에 대한 협상을 진행하고 있다. K사는 M사의 기술을 필요로 한다. 첨단 기술을 많이 전수받을수록 좋다. 가능한 대안

은 3가지다. 첫째는 노트북과 PC의 핵심기술을 모두 이전받는 안, 둘째는 노트북의 핵심기술만 이전받는 안, 셋째는 PC의 핵심기술만 이전받는 안이다. K사로서는 기술확보가 합작투자의 중요한 목적이므로 기술을 가장 많이 받을 수 있는 1안부터 2안, 3안의 순으로 선호한다.

하지만 M사 입장에서는 기술을 많이 제공할수록 잠재적인 경쟁자를 키우게 된다. 그러나 한편으로 자신의 기술력은 세계 최고이므로 일부 기술을 제공하더라도 신규 기술을 개발해 지속적으로 경쟁력을 유지할 수 있다는 자신감도 있다.

그렇다면 M사는 무엇 때문에 협상 테이블에 앉았을까? 그들은 아시아 시장에 진출하는 것이 중장기 목표이며 이를 위해 한국시장에서 판매를 확대해야 하는데, 여기에 K사의 유통망이 있다면 큰 도움이 될 것이다. 여기에도 3가지 대안이 있다고 가정하자. 첫째는 K사의 유통망을 활용해 합작법인의 제품은 물론 M사의 제품까지 판매하는 안, 둘째는 K사의 유통망으로 합작법인의 제품을 판매하는 안, 셋째는 K사와 별개로 합작법인의 유통망을 구축하는 안이다.

M사는 물론 기존의 유통망을 많이 활용할 수 있는 1안을 가장 선호하며 2안, 3안의 순으로 선호도가 줄어든다. K사는 자사의 유통망에 글로벌 기업의 제품이 들어오면 자사의 제품 판매가 일부 잠식당할 우려가 있다. 그러나 회사의 전체 매출 가운데 컴퓨터 관련 제품이 차지하는 비중은 그리 크지 않으므로 기

술확보를 위해서라면 유통망을 할애하는 문제는 감당할 가치가 있다.

지금까지 살펴본 두 회사의 협상 우선순위를 정리해보면, 먼저 K사에는 기술이전이 유통망 활용보다 상대적으로 중요한 의제다. 이를 가상적인 수치로 나타내보자.

기술이전의 각 대안이 K사에 제공하는 가치

(1) 노트북, PC의 핵심기술을 모두 이전 : 500만 달러

(2) 노트북의 핵심기술만 이전 : 300만 달러

(3) PC의 핵심기술만 이전 : 100만 달러

유통망 활용의 각 대안에 대한 K사의 기대가치(비용발생)

(1) K사의 유통망을 활용해 합작법인 제품 및 M사 제품 판매 : -150만 달러

(2) K사의 유통망을 활용해 합작법인 제품 판매 : -100만 달러

(3) K사의 유통망과 별개의 채널 구축 : -50만 달러

기술이전 범위의 선택에 따른 기대가치 증가의 폭이 유통망 활용에 관한 것에 비해 상대적으로 크다는 점을 나타내주고 있다.

한편 M사에는 유통망 활용이 기술이전보다 상대적으로 중요한 의제다. 이를 다음과 같이 가상적인 수치로 나타낼 수 있다.

유통망 활용의 각 대안이 M사에 제공하는 가치

(1) K사의 유통망을 활용해 합작법인 제품 및 M사 제품 판매 :

500만 달러

(2) K사의 유통망을 활용해 합작법인 제품 판매 : 300만 달러

(3) K사의 유통망과 별개의 채널 구축 : 100만 달러

기술이전의 각 대안에 대한 M사의 기대가치(비용발생)

(1) 노트북, PC의 핵심기술을 모두 이전 : -150만 달러

(2) 노트북의 핵심기술만 이전 : -100만 달러

(3) PC의 핵심기술만 이전 : -50만 달러

M사는 K사와 반대로 유통망 활용방법의 선택에 따른 기대가치 증가의 폭이 기술이전 범위에 관한 것에 비해 상대적으로 크다는 점을 나타내주고 있다.

K사와 M사는 기술이전 조건과 유통망 활용이라는 두 가지 이슈를 놓고 협상하고 있다. 서로 자신에게 유리한 조건만 고집한다면 협상은 타결되지 않을 터, 그래서 기술이전과 유통망 활용이라는 조건에 대해 한발씩 양보해 각각 중간안인 2안에 합의했다고 가정해보자. 즉 노트북의 핵심기술만 이전하고, K사의 유통망으로 합작법인의 제품을 판매하는 것이다. 이때 K사가 얻을 수 있는 기대가치는 '300만-100만=200만 달러'이고, M사가 얻을 수 있는 기대가치 또한 '300만-100만=200만 달러'다.

그러나 만일 K사가 원하는 기술을 모두 제공받고 M사가 원하는 대로 유통망을 충분히 활용한다면 양자의 기대가치는 달라진다. 즉 K사가 얻을 수 있는 기대가치는 '500만-150만=350만 달러'이고, M사가 얻을 수 있는 기대가치도 '500만-150만=350만 달러'가 된다. 상대방에게 최대한 양보했음에도 기대가치는 오히려 증가한 것이다.

이것이 가능한 이유는 전체 파이가 커졌기 때문이다. 양측의 기대가치를 더하면 곧 협상을 통해 만들어낸 파이의 크기가 되는데, 첫 번째 합의안에서는 이 크기가 '200만+200만=400만 달러'였고, 두 번째 합의안에서는 '350만+350만=700만 달러'로 늘어났다. 각자에게 덜 중요한 사항을 충분히 양보하는 대신 중요하게 생각하는 것을 충분히 받음으로써 윈윈의 결과를 이끌어낼 수 있는 것이다.

이를 19세기 말 이탈리아의 경제학자 파레토Vilfredo Pareto의 이론으로 설명해보자. 176쪽 그림에서 가로축은 공동의 의사결정에서 K사가 얻게 되는 효용가치를 표시하고 세로축은 M사가 얻게 되는 효용가치를 표시한다. 즉 오른쪽으로 갈수록 K사의 효용가치가 큰 합의점이고, 위로 갈수록 M사의 효용가치가 큰 합의점이다. '가' 지점을 첫 번째 합의안, 즉 양사의 기대가치가 각각 200만 달러인 지점이라고 정해보자. 이 지점의 전체 기대가치는 '200만+200만=400만 달러'가 된다. 이때 M사가 '나' 조건을 제안했다면 K사는 자신의 효용가치가 줄어들지 않으므로 어렵지 않게 새로운 조건에 합의해줄 수 있다. 일단 이 지점에서 합의한 후 다시 K사가 '다'라는 조건을 제안했다면 M사는 자신의 효용가치가 줄어들지 않으므로 쉽게 다시 합의해줄 수 있을 것이다. '다' 지점을 앞의 사례에서 두 번째 합의안이라고 한다면, '가' 지점에서 '다' 지점으로 오는 동안 K사와 M사의 기대가치는 동시에 350만 달러로 늘어났고 전체 기대가치의 합도 지속적으로 늘어나 700만 달러가 되었다. 이처럼 어느 한쪽의 효용가치를 줄이지 않고 다른 쪽의 가치를 늘려가는 과정을 '파레토의 개선'이라 한다.

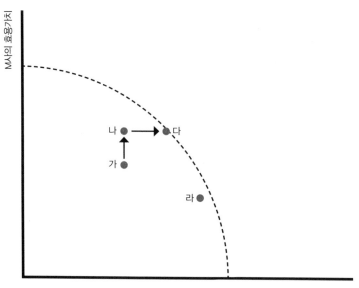

그러나 개선이 무한히 이어질 수는 없다. 언젠가 한계에 도달한다는 것이다. '다' 지점에서 다른 어떠한 점으로 옮겨서 한쪽의 기대가치를 늘리면 다른 한쪽의 기대가치를 줄일 수밖에 없게 된다. 예를 들어 '다' 지점인 두 번째 합의안으로부터 M사가 노트북과 PC의 핵심기술을 모두 이전하고(1안), K사의 유통망으로 합작법인의 제품만 판매하는(2안) '라' 지점으로 수정제안을 했다고 가정하자. 이때 K사의 기대가치는 '500만-100만=400만 달러'로 늘어나는 반면 M사의 기대가치는 '300만-150만=150만 달러'로 줄어들게 된다. 또한 전체 기대가치의 합도 700만 달러에서 550만 달러로 줄어든다. 다른 어떠한 조합을 하더라도 한쪽의 기대가치를 줄이지 않고는 다른 한쪽의 기대가치를 늘릴 수 없고, 기대가치의 합은 오히려 줄어들게 된다. 이처럼 어느 한쪽의 효용가치를 줄이지 않고는 다른 한쪽의 효용가치를 늘릴 수 없는 한계상황을 '파레토의 최적점'이라 한다.[76] K사와 M사의 가상사례에서는 두 번째 합의안이 파레토가 제시한 '파레토의 최적점'이 된다.

관점을 넓혀보면 실상 모든 협상은 파레토의 최적점을 찾기 위한 공동 의사결정 과정이라 할 수 있다. 여러 협상의제가 있을 때 서로 원하는 것을 충분히 주고받지 못하고 각 의제들 각각을 중간 수준에서 적당히 타협하여 얻은 결과는 파레토의 최적점에 도달하지 못한다. 파레토의 최적점에 이르지 못했다는 것은 전체 가치의 합을 충분히 키우지 못했다는 뜻이다.

지난 몇 년간 기업 경영자들을 대상으로 협상 수업을 하면서 합작투자 협상 과제를 내주곤 했다. 몇 가지 조건을 제시해 합의에 이루도록 하는 것이었는데, 82개의 협상 케이스 중 13개, 15.9%만이 파레토의 최적점에 해당하는 합의안에 도달했다. 그중에서도 그래프의 '다'와 같이 양측의 기대효용이 균형을 이루는 대안에 도달한 경우는 6개뿐이었고, 나머지 7개는 점선 상의 다른 점, 즉 기대효용이 한쪽으로 쏠린 결과를 보였다. 기대효용이 낮은 쪽은 당연히 불만을 가지게 되므로 장기적으로 보면 신뢰를 상실하고 협력관계가 깨질 가능성이 있다.

원칙적으로는 누구나 윈윈해야 한다는 것을 알고 있지만 2장에서 설명한 바와 같이 막상 협상 테이블에 앉으면 최적의 합의에 이르지 못하는 경우가 흔하다. 상대방을 믿지 못하거나, 의사소통이 서툴거나 자존심 싸움을 하는 등 이유는 다양할 것이다. 그러나 설령 신뢰 문제와 같은 상황적 장애요인이 해소된다고 해도 어떻게 윈윈을 이루어야 하는지 방법을 알지 못해 최적의 합의에 이르지 못하는 경우가 있다. 그래프의 '가' 또는 '나' 지점이 이에 해당하는데, 정작 협상당사자인 경영자들은 파레토의 최적점에 도달하지 못했음에도 대부분 자신이 윈윈 협상을 했다고 과대평가한다.

서로에 대한 불신이나 의사소통의 미숙함, 자존심 대결 등의 문제는 그것대로 해결해야겠지만, 파레토의 최적점을 찾기 위해서는 무엇보다도 각자에게 덜 중요한 것을 최대한 양보하고 더 중요한 것을 최대한 받을 수 있어야 한다. 협상당사자들이 원하는 것이 정확히 일치하는 경우는 많지 않으며, 어딘가 서로 다른 점이 있게 마련이다. 대기업이 원하는 것은 글로벌 경쟁에 필요한 품질일 수 있으며, 중소기업이 원하는 것은 빠른 현금회전일 수 있다. 중간제품을 판매하는 쪽은 자사 브랜드를 널리 알리고 싶어 할 수 있으며, 구매하는 쪽은 완성품의 납기를 맞추는 것일 수 있다. 전략적 제휴를 하는 한쪽은 기술을 습득하고 싶어 할 수 있으며, 다른 한쪽은 영업망을 빨리 확보하기를 원할 수 있다. 이처럼 각자의 다른 희망사항을 찾아내고 이를 충분히 반영함으로써 파레토의 최적점에 다가갈 수 있으며, 협상 테이블에 돈을 남겨두지 않고 올 수 있다.

이때 활용할 수 있는 방법 가운데 하나로 '협상후 협상post-settlement settlement'이 있다.[77] 숙련된 협상가는 일단 합의에 도달했다 하더라도 쉽게 협상을 끝내지 않는다. 합의된 안을 바탕으로 양쪽 아니면 한쪽에 조금이라도 더 나은 대안을 모색한다. 새로 찾아낸 안이 원래 합의된 것보다 조금이라도 서로에게 이득이 된다면 기꺼이 새롭게 합의할 것이다. 한쪽에만 이득이 되더라도 약간의 조정을 거쳐 새로운 합의안을 채택할 수 있을 것이다. 만일 새 합의안이 기존의 안에 비해 어느 한쪽에라도 불리하다면? 채택하지 않으면 그만이다. 즉 기존의 합의사항은 양쪽 모두에게 최적의 대안BATNA 역할을 하는 것이다. 만족할 만한 대안을 이미 확보해두었으므로 양측은 비교적 편한 마음으로 새로운 가능성에 접근할 수 있다. 이처럼 일단 합의를 하고 이를 바탕으로 합의안을 차츰 개선해간다면 최적의 결과에 가까이 다가갈 수 있다.

보조를 맞추며 통나무를 굴려라

──────────────── GM은 1972년 신진자동차와 186억 원의 자본금에 50대 50으로 합작해 GM코리아를 설립하면서 한국에 진출했다.[78] 그 후 1976년 경영부실로 한국 측 지분이 산업은행으로 넘어가면서 상호를 새한자동차로 변경했고, 2년 뒤인 1978년 대우가 산업은행의 지분을 인수하면서 대우와 GM의 제휴관계가 시작되었다. 이후 1983년 대우가 GM으로부터 경영권을 인수받아 상호를 대우자동차로 변경하고 지분은 그대로 50대 50을 유지했다.

제휴의 목적은 분명했다. GM은 한국의 값싼 노동력을 활용해 일본 기업에 빼앗긴 미국의 소형차 시장을 탈환하고자 했다. 한편 대우는 업계 선도기업인 GM의 첨단 엔진기술을 배우고 미국 시장에 진출할 기회를 찾고자 했다. 이러한 각자의 요구가 맞물려 GM은 경영관리와 기술자문을, 경영은 대우가 맡아서 하기로 합의했다.

대우자동차는 GM의 유럽 자회사인 오펠 사의 소형차를 생산해 미국에서 GM의 폰티악 르망 모델로 판매했는데, 정작 생산이 본격화되면서 문제가 불거졌다. 1980년대 한국의 민주화 흐름을 타고 몇 년 사이에 임금이 두 배로 뛰어 저임금의 매력이 없어진 것이다. 게다가 한국에서 생산된 르망 자동차는 고장이 잦았다. 이 때문에 미국 소비자들의 신뢰를 잃었고, 1991년에는 1988년의 최고치에 비해 86%나 줄어든 3만 7000대를 판매하는 데 그쳤다.

각종 문제가 누적되면서 잠재해 있던 내부 갈등도 본격화됐다. 1989년 대우가 르망을 동구권에 7000대 판매하려고 하자 GM이 제동을 걸고 나왔다. GM의 글로벌 전략에서 동구권은 오펠 사의 시장이었기 때문이었다. 결국 대우는 3000대로 판매대수를 줄이고 다시는 동구권을 넘보지 않기로 GM에 약속해야 했다. 심지어 GM은 대우자동차가 개발한 신형 중형차의 미국 시장 판매도 허락하지 않았다. GM이 고압적 태도로 일관하자 대우 내부의 불만도 고조돼, 르망의 미국 판매 부진은 품질 때문이 아니라 GM의 마케팅 노력 부족 때문이라는 주장이 나오기 시작했다.

대우는 양사가 각각 1억 달러를 더 투자해 대우자동차의 생산시설을 두 배로 늘리자고 제안했지만, GM은 시설확장이 아니라 품질관리가 우선이라며 제동을 걸었다. 그러나 당시 GM이 대우로부터 받은 기술제공료가 과했으며, 이윤배분도 공정하지 않고 일방적이었다는 지적도 있다. 양자는 충분히 주고 충분히 받음으로써 윈윈을 이룬다는 전략적 제휴협상의 핵심을 지키지 못했다. 결국 1992년 11월, GM의 지분을 대우가 인수함으로써 합작관계는 종료되었다.[79] 만일 GM이 대우가 원하는 기술과 미국진출 기회를 충분히 주고 자신이 원하는 값싼 노동력을 받을 수 있었다면, 동시에 대우가 GM이 원하는 것을 충분히 주고 자신이 원하는 것을 충분히 받았다면 윈윈 결과를 얻을 수 있었을 것이다.

협상가들은 상대방이 원하는 것을 충분히 주고 자신이 원하는 것을 충분히 받는 지혜를 '통나무 굴리기logrolling'에 비유한다.[80] 무거운 통나무를 굴리려면 파트너와 서로 보조를 맞추어야 한다. 특히 정치에서 이 용어를 많이 사용하는데, 서로 의견이 다른 정당 간에도 문제를 해결하기 위해서는 상대방이 원하는 것을 주고 자신이 원하는 것을 받아야 하는 상황이 비일비재하기 때문이다. 두 정당 또는 두 의원이 자신이 발의한 법안을 통과시키기 위해서는 상대방의 법안을 지지해주고 자신이 추진하는 법안에 대해 지지를 받아야 한다.

경제학자와 정치학자들은 이와 같은 의안 주고받기의 효용성에 대해 많은 연구를 진행해왔다.[81] 두 정당 간에 서로 법안을 주고받아 통과시키는 것은 민주주의의 기본방식이다. 이러한 방식으로 필요한 법들이 만들어지는 것은 곧 파레토의 최적점을 찾아가는 과정이기도 하다.

그러나 법안 주고받기가 궁극적으로 실효를 거두려면 필요조건이 충족되어야 한다. 통과시키는 각각의 법안이 발생시키는 비용보다 만들어내는 공공의 이익이 커야 한다는 것이다.[82] 국회의원이 국가의 이익을 도외시하고 특정 지역의 이익만 챙기는 법안 주고받기를 한다면 공공의 이익에 반하는 결과를 가져오게 된다.

통나무 굴리기는 이처럼 다양한 사회현상을 설명하는 의미로 사용되지만 협상에서는 윈윈을 위해 상대방이 원하는 것을 충분히 주고 자신이 원하는 것을 충분히 받음으로써 최대한의 협상효과를 끌어내는 것을 의미한다. 무거운 통나무를 굴리기 위해서는 보조를 맞춰 힘을 모아야 하는 것처럼, 상대방과의 신뢰를 쌓아가고 보조를 맞추며 공동 문제해결의 관점에서 접근joint problem-solving approach하는 것이 중요하다.

CHAPTER 9

쉬운 문제부터 하나씩 풀어가는 것이 최선인가

"쉬운 문제부터
차례대로 타결해가는 것이
효과적이다."

당신은 이에 동의하는가?

한국의 경영자 100인에게 물었더니
77%가 "그렇다"고 대답했다

○

박 사장은 협상이란 쉬운 문제부터 차근차근 해결해가는 것
이 최선이라 생각한다. 실제로 그렇게 해서 우호적인 협상 분위
기를 조성했고 성과도 좋았다고 자부한다. 어려운 문제부터 꺼
냈다가 자칫 벽에 부딪히면 전체 협상이 어그러질지도 모르기
때문이다.

박 사장은 기업의 정보시스템을 디자인하고 설치 운영까지
서비스하는 소프트웨어 솔루션회사를 경영하고 있다. 고객사와
서비스 계약을 체결할 때는 크고 작은 여러 가지 사안에 합의해
야 한다. 시스템의 범위, 기술사양, 가격, 대금지급조건, 하자보
수 및 AS 기간과 조건, 운영서비스 범위 및 가격, 부가서비스 등
협상이슈는 다양하다. 이 중 그나마 결정하기 쉬운 이슈는 대금
지급조건, 부가서비스 여부 정도이고 시스템 범위, 기술사양, 가
격 등은 상대적으로 까다로운 주제다. 따라서 박 사장은 AS 조
건과 대금지급방법을 파격적인 조건으로 제시하여 상대방의 호
감을 얻은 다음, 다른 어려운 사안들을 하나하나 순서대로 해결
해감으로써 좋은 결과를 얻어왔다고 자신하고 있다.

여러 의제를 묶어서 동시에 풀어내라

——————————————— 실제로 한국의 많은 경영
자들이 박 사장처럼 생각한다. 풀어야 할 문제가 여러 가지 얽혀
있을 때면 사안을 세세하게 쪼갠 다음, 쉬운 문제부터 하나씩 풀
어가며 해결을 도모하곤 한다. 물론 처음부터 어려운 문제와 씨
름하는 것보다는 쉬운 문제부터 접근하는 것이 문제해결의 실
마리를 찾기 쉬울 것이다. 또한 한 의제가 금방 해결되기 시작하
면 서로에 대한 신뢰를 쌓는 데에도 도움이 된다.

그러나 박 사장처럼 쉬운 문제를 양보했다고 해서 상대방이
어려운 문제를 양보하리라고 확신할 수 있을까? 양보에 대한 해
석은 사람에 따라 다르게 마련이다.[83] 한쪽은 크게 마음 써서
양보했는데 정작 상대방은 당연한 결론이라 여길 수도 있다. 사
람들은 자기중심적으로 사고하므로 자신이 한 양보는 실제보다
크게 생각하고 상대방의 양보는 작게 인식하는 경향이 있다.

나아가 박 사장의 협상법에서 더 심각한 문제는 여러 의제를
하나씩 협상한다는 발상이다. 쉬운 문제든 어려운 문제든 하나
하나 따로 떼어서 협상하면 각 이슈별로 밀고 당기는 분배적 협
상을 할 수밖에 없게 돼 오히려 원만한 해결에 방해가 된다.

박 사장의 의제를 생각해보자. 시스템 범위를 놓고 보면 고객
기업은 다양한 기능을 폭넓게 갖춘 시스템을 원할 테지만 박 사
장은 시스템 범위가 넓어질수록 비용 면에서 불리하다. 따라서
시스템의 범위만을 놓고 협상한다면 밀고 당기는 분배적 협상

을 할 수밖에 없다. 어찌어찌해서 시스템 범위를 정했다 치고, 다음 주제로 가격 협상을 한다고 해보자. 이번에도 높은 가격을 받으려는 박 사장과 가격을 낮추려는 고객기업 간에 밀고 당기기가 시작될 것이다. 서로가 양보 없이 팽팽히 맞서다 보면 결국 중간점에서 타결될 가능성이 높다. 이어서 이루어지는 대금 지급기일 협상도 마찬가지다. 서비스를 제공하는 쪽은 빨리 받으려 하고 사는 쪽은 천천히 주려 할 테니, 이 문제만 따로 떼어서 논의하면 중간 지점에서 타결될 것이다. 그런 다음 기술사양, AS⋯ 사안마다 마찬가지 상황이 벌어질 터이니, 분배적 협상만 계속하다 결국 양쪽 모두 진정으로 원하는 것을 충분히 얻지 못한 채 협상이 끝나고 만다. 앞 장에서 설명한 대로 서로 원하는 것이 다를 때 이를 주고받는 것이 윈윈 협상의 첩경임을 알고 있어도, 협상 이슈들을 하나하나 논의하는 한 윈윈 협상을 기대하기는 어렵다.

실제로 상당히 많은 사람들이 이런 식으로 협상을 시작한다. 대학생, 대학원생, 기업 임직원들을 대상으로 협상 강의를 할 때 여러 개의 의제를 주고 모의협상을 해보면, 대다수의 참여자들이 의제 하나하나씩 힘겹게 협의하고 해결해 나가는 것을 볼 수 있다. 분배적 협상이 연달아 계속되니 협상과정 자체도 고통스러울뿐더러 상대방에 대해 부정적인 인식을 갖기 쉬우며, 이는 또다시 협상결과에 영향을 미친다. 어느 한쪽이 이기고 지는 win-lose 수준을 넘어 양자에게 모두 불리한 lose-lose 결과로 이어지는 것이다.

협상의제가 여러 가지일 때에는 일일이 쪼개서 접근하기보다 묶어서 하나의 패키지로 만드는 편이 해결도 쉽고 만족도도 높다. 한 묶음의 협상의제 가운데 자신에게 중요한 것과 덜 중요한 것의 우선순위를 정하고, 그에 따라 서로 원하는 것을 주고받는 것이다. 이렇게 하면 8장에서 말한 대로 충분히 양보하고 충분히 양보받는 윈윈 협상이 가능해진다. 또한 6장에서 설명한 대로 서로의 차이를 확인하고 활용하는 구체적 방안이기도 하다.

음식점에 가면 요리나 식사 별로 가격이 매겨져 있다. 그런데 대부분의 음식점에는 몇 가지 요리와 식사를 묶은 세트메뉴가 있다. 세트메뉴는 개별 메뉴를 시켰을 때보다 가격이 저렴하다. 따라서 여럿이 함께 식사할 때에는 으레 좋아하는 메뉴가 포함된 세트메뉴를 주문한다. 고객은 좀 더 쉽게 의사결정을 할 수 있고 저렴한 가격으로 동일한 음식을 먹을 수 있다.

음식점으로도 세트메뉴가 유리한 점이 있다. 첫째, 자신 있는 요리를 우선적으로 제공할 수 있다. 시기에 따라 신선하게 또는 저렴하게 구입할 수 있는 식재료를 이용해 세트메뉴를 구성함으로써 고객에게 좋은 음식을 저렴한 비용에 제공할 수 있다. 둘째, 식재료를 준비할 때 예측이 쉬워진다. 메뉴가 많으면 어느 메뉴가 얼마나 소비될지 예측이 어려워서 버려지는 식재료도 많아진다. 그런데 세트메뉴로 주문을 집중시키면 자연스럽게 식재료 낭비를 줄일 수 있다. 셋째, 조리과정의 효율성이 높아진다.

이처럼 여러 조건들을 묶어보면 상대방에게 좋은 가치를 제공하면서 자신에게 돌아오는 효용가치도 높이는 조합을 만들어낼 수 있다. A기업이 B기업과 부품판매 협상을 하는데, B기업이 A기업에 2주일 이내에 납품하면 납품일로부터 1개월 안에 현금으로 대금을 지급해주겠다는 제안을 했다고 가정해보자. 이때 A기업은 다시 부품을 1주일 이내에 납품할 테니 대금을 납품일로부터 1주일 이내에 현금으로 지급해달라는 대안을 제시할 수 있다. 만일 B기업이 판단하기에 부품을 1주일 내에 받을 수 있다면 대금지급을 앞당겨도 큰 문제가 없고, 오히려 전체적으로 이득이라면 이 대안을 선택하고 협상이 순조로이 마무리될 것이다. 흔히 말하는 '일괄타결' 혹은 '패키지 딜'의 묘미다. 여러 이슈들을 묶어서 동시에 고려함으로써 윈윈이 가능해지는 것이다.

다양한 패키지를 마련하는 것이 협상준비의 핵심이다

──────────────────────────────── 패키지 딜을 원활하게 진행하는 데에도 노하우가 있다. 패키지를 하나가 아니라 여러 개 준비하는 것이다.

한 가지 대안만 제시하면 상대방은 그것을 받아들일지 말지만 선택하게 된다. 이처럼 단일한 의사결정을 요구받은 상대방은 부담을 느껴 부정적인 감정을 갖게 되고 협상결과에 대한 만족도도 떨어진다. 반면 여러 가지 세트를 준비해 상대방에게 그 중 하나를 선택하도록 하면 부담감이 훨씬 줄어든다. 음식점에서 불고기세트 하나만 있다면 고객은 세트를 고를지, 단품을 고를지 선택하게 된다. 생선을 좋아하는 고객들은 불만을 느낄 것이다. 그런데 여기에 갈비세트나 생선구이 세트를 추가하면 고객들은 세트메뉴 중에서 하나를 선택할 수 있다. 생선을 좋아하는 사람은 생선세트를, 고기를 좋아하는 사람은 불고기세트를 고르며 더 큰 만족을 느낄 것이다. 고기를 좋아하고 금전적으로도 여유가 있으면 갈비세트를 주문할 수도 있다. 다른 부대 메뉴는 똑같고 갈비와 생선만 별도로 준비하면 되니 음식점의 부담도 크지 않다.

개인 간 또는 기업 간 협상에서도 마찬가지 원리가 적용된다. 여러 가지 조건을 놓고 협상하는 경우에는 그 조건들을 조합해 자신이 원하는 세트를 미리 여러 개 준비해두는 것이 바람직하다. 앞서 A기업을 예로 들면 1안으로 부품을 2주일 이내에 납품하고 대금을 납품일로부터 1개월 이내에 현금으로 지급받는 안과, 2안으로 부품을 1주일 이내에 납품하고 대금을 납품일로부터 1주일 이내에 현금으로 받는 안을 사전에 준비하는 것이다. 우선 1안을 제안한 다음 상대방의 반응에 따라 2안을 제시하고, 아니면 또 다른 안을 준비해서 제시한다면 더 만족스러운 대안을 좀 더 쉽게 찾을 수 있다. A기업은 대금을 빨리 받기 위해 기꺼이 부품을 빨리 납품하겠다고 할 것이다. 부품을 빨리 납품하기 위해 드는 추가 비용보다 대금을 빨리 받는 데 따르는 추가적인 효용이 더 크기 때문이다. 마찬가지로 B기업은 부품을 빨리 납품받기 위해 대금을 빨리 지급할 용의가 있을 것이다. 대금을 빨리 지급하는 데 따르는 추가적인 금융비용에 비해 부품을 일찍 받아 조기에 제품을 출시함으로써 얻는 추가적인 효용이 훨씬 크기 때문이다. 두 기업 모두 2안의 효용가치가 크므로 2안을 선택할 것이다.

물론 현실의 협상이 이처럼 간단하게 해결되지는 않는다. 앞서 박 사장의 사례에서처럼 현실의 협상에서는 시스템 범위, 수량, 기술사양, 가격, 계약기간, 대금지급조건, 하자보수 및 AS 기간과 조건, 운영서비스 범위 및 가격, 부가서비스 제공 등 협상 이슈도 많고 조건도 다양해서 협상과정이 훨씬 복잡해진다. 박 사장은 이들 이슈 가운데 자신에게 중요한 사안이 무엇인지 판단하고 조합해 자신에게 충분한 가치를 주는 의미 있는 대안을 다양하게 준비해야 한다. 회사를 알리고 안정적으로 운영하는 것이 중요하다면, 계약기간을 길게 잡는 대신 추가로 시스템 범위를 넓혀주고 기술사양을 높여줄 수 있을 것이다. 여기에 적정 수준의 가격을 제시하되 대금지급을 가능한 앞당기고, 하자보수 및 AS를 충분히 제공하는 대안들을 마련하면 좋을 것이다. 또한 상대방에게는 어떤 이슈가 중요하고, 우리가 준비한 대안들 중 무엇을 더 선호할지 미리 예측해보아야 한다.

이와 같이 준비가 되었다면 상대방과 만났을 때 먼저 협의해야 할 이슈가 무엇인지 확인한다. 그런 다음 준비해온 패키지 세트를 제시한다. "우리는 회계 및 인사 ERP 시스템을 최고의 기술 수준으로 귀사의 본사 및 10개 지사에 제공하는 데 5000만 원을 제안합니다. 부가적으로 매년 업그레이드 서비스를 3년간 제공합니다. 기술적 문제에 대한 해결은 1년간 무상으로 제공하며, 그 이후에는 인시간당 2만 원의 수수료가 부과됩니다."

그러면 상대방은 그에 대해 문제점을 지적하거나 다른 의견을 제시할 것이다. 그러면 상대방의 의견을 반영하여, 미리 준비한 다른 패키지를 제시한다. 또는 처음부터 두 가지 패키지를 제시하는 것이 더욱 효과적일 수 있다. "골드플랜은 다음과 같이 구성됩니다. 상품의 구성은…, 가격은… 업그레이드 조건은… 등입니다. 다이아몬드 플랜은 다음과 같이 구성됩니다. 어느 플랜을 선호하시는지요?" 이때 상대방은 어느 한 패키지의 문제점을 지적하고 양보를 요구하기보다는 복수의 대안 중 어느 것이 나은지에 초점을 맞추게 된다. 광고대행사가 광고시안을 제시할 때 반드시 복수의 시안을 제시하는 것도 같은 이유에서다.

이처럼 복수의 세트를 준비함으로써 우리와 상대방의 협상결과가 동시에 좋아질 수 있다. 나아가 상대방은 자신이 최종안을 결정했다고 인식하게 돼 협상결과에 더 만족하게 된다. 그러나 상대방은 우리가 준비한 대안 중에서 선택한 것이므로 사실상 우리가 설정한 영역 내에서 협상한 셈이다. 협상의 주도권은 닻을 내린 우리에게 있는 것이다.

이처럼 복수의 패키지를 준비했을 때 더 나은 협상결과를 얻을 수 있다는 것은 모의협상 실험에서도 여러 차례 입증되었다.[84] 복수의 패키지를 준비했을 때 단일한 대안을 제시한 것보다 양자에게 모두 이득이 되는 통합적 협상결과를 얻었다는 것이다. 또한 복수의 패키지를 제시한 측만이 아니라 상대방의 만족도도 더욱 높아졌으며, 양자의 관계에도 긍정적인 영향을 미치는 것으로 나타났다.

치밀한 사전준비는 협상현장에서 진가를 발휘한다. 특히 의제가 다양하고 이해득실이 복잡하게 얽혀 있는 협상에서는 철저한 준비와 패키지 딜에 대한 계산이 필수다.

최근 국가 간 협상에서 가장 드라마틱한 과정을 거친 예로 한미 FTA 협상을 꼽을 만하다.[85] 한미 FTA는 2003년 8월 'FTA 추진 로드맵'을 마련하면서 시작되었다. 한국과 미국 정부는 2005년 2월에서 4월까지의 사전실무회의와 6차례의 통상장관회의를 거쳐 2006년 6월부터 2007년 3월까지 8차 공식협상을 통해 FTA를 체결했다. 당시 협상의제는 공산품시장 개방을 비롯해 농산물, 서비스, 지적재산권, 기술무역장벽, 정부조달 등 무려 200여 가지나 되었다. 이를 위해 통상교섭본부를 중심으로 지식경제부, 기획재정부, 농림식품부 등 관계부처뿐 아니라 KDI, KIEP(대외경제정책연구원) 등 국책연구소 그리고 민간법률

전문가, 교수 등 연인원 2000여 명이 참여했다.

협상과정은 시종 팽팽하게 진행되었고 협상전술의 백화점이라 할 만큼 다양한 전술들이 동원되었다. 어떤 의제를 먼저 다룰 것인지를 놓고도 양측은 치열한 줄다리기를 했다. 서로 자국에 중요한 또는 유리한 의제부터 먼저 다루고자 함은 당연지사. 그래야 초기에 유리한 고지를 점령해 다른 의제에서도 강한 협상력을 발휘할 수 있기 때문이다. 한국 정부는 미국을 공격하는 철강 이슈를 먼저 다루고 싶어 한 반면, 미국은 한국 자동차 세제나 국산품 애용운동 등을 먼저 협상하기를 원했다.

협상과정에서도 다양한 전략과 전술이 동원되었다. 우리나라는 캐나다와 먼저 FTA를 체결함으로써 미국의 입지를 약화시켰고, 미국이 압박을 가하자 김종훈 통상교섭본부장이 워싱턴의 협상장소에 나타나지 않고 뉴욕으로 떠나버리기도 했다. 또한 이 기간이 지나면 협상을 결렬시키겠다는 의지를 보임으로써 기한 내에 협상을 타결할 계기를 만들었다. 기존에는 협상타결을 위해 최대한 협력하는 자세를 보였다면, 한미 FTA 협상에서는 여차하면 결렬시킬 수도 있다는 벼랑끝 전술도 다양하게 구사했다. 그런가 하면 대통령과 협상대표가 서로 모순된 정보와 의도를 발표함으로써 상대방을 교란시키기도 했다. 국내에서 일어난 FTA 반대 촛불시위 등 국민의 여론을 거론하며 자신들도 어쩔 수 없음을 설득하는 전략도 병행했다. 200여 개의 협상의제 가운데 신약 가격에 대한 미국 측의 요구에는 우리 측에 크게 중요하지 않은 무역구제 비합산조치를 들고 나와 이를 맞바꾸는 미끼전략을 사용하고, 동시에 미국 측의 요구를 수용하려 노력했지만 불가능했다고 설명해 미국 측을 포기시키는 등 다양한 수단을 동원한 공방이 이어졌다.

수많은 협상의제 중 경제적으로나 정치적으로 민감한 이슈들은 마지막까지 타결되지 않아 추가협상까지 했으나 좀처럼 합의점을 찾지 못했다. 그러다 두 나라 대통령이 전화통화를 하면서 협상타결에 대한 강한 의지를 보이고 난 후 미국이 협상시한 연장을 제안해 추가협상의 길을 텄다. 쌀시장 개방, 신약최저가 보장, 오렌지시장 개방, 저작권 보호, 자동차시장 개방 등 최후까지 해결되지 못했던 핫이슈들이 모두 협상 테이블에 올랐다. 한국인에게 쌀시장 개방은 식량주권, 식량안보 등 중요한 가치가 있는 영역인 반면 오렌지는 한국인에게 주는 정서적, 경제적 가치가 상대적으로 덜하다. 반면 미국은 소프트 콘텐츠에서 앞서가는 선진국으로서 저작권 보호가 매우 중요하며, 신약최저가 보장은 저작권 보호에 비하면 중요도가 떨어진다. 이에 따라 한국은 저작권 보호, 오렌지시장을 양보하고 미국은 쌀시장 개방, 신약최저가 보장을 양보하는 것으로 일괄타결을 하기에 이르렀다. 그 후로도 쇠고기 추가협상 문제가 불거지는 등 크고 작은 진통을 거친 끝에 결국 한미 FTA는 출발로부터 8년여 만인 2012년 3월에 결실을 보게 되었다.

현장에서 활용할 수 있는 가치평가 툴을 준비하라

──────────────────── 협상에 관한 대부분의 책들은 협상에 가장 중요한 것이 철저한 준비임을 강조하며 책의 맨 앞부분에 협상에 임하기 전에 준비해야 할 내용들을 제시한다. 기업과 기업이 협상하는 경우에는 상대 기업에 대한 기초정보를 조사하는 것이 기본이다. 상대방의 전략, 경영실적, 재무상태 등을 점검하고 그들이 협상을 통해 무엇을 얻고자 하는지 유추해본다. 동시에 우리가 협상을 통해 얻고자 하는 것을 확인한다. 협상에서 제기될 이슈들이 무엇인지, 그중 중요한 이슈는 무엇인지 우선순위를 파악한다. 또한 각 이슈별로 달성하고자 하는 목표치를 설정한다. 우리가 가진 대안들을 평가하여 이슈별로 최저조건 즉 마지노선인 유보가격을 정한다. 그리고 최초조건을 어느 정도로 제시하고 이후 어떻게 양보를 주고받아서 원하는 결과에 도달할 것인지에 관한 전략을 세운다. 대부분의 책들이 여기에서 준비에 관한 논의를 마무리하고 다음 주제들을 설명한다.

협상준비가 협상을 성공으로 이끄는 가장 중요한 요소임에는 틀림없다. 협상가들이 "잘 준비된 협상은 이미 성공한 협상이다"라고 말할 정도로 준비는 중요하다. 그러나 앞에서 제시한 평면적 준비만으로는 통합적 협상을 효과적으로 하기 어렵다. 의제별로 분배적 협상을 이어가는 데는 도움이 되겠지만, 의제들을 묶어서 통합적인 대안을 만들어내고 여러 가지 대안을 준비해서 유연하게 상대방과 협상을 진행하기에는 부족하다. 따라서 이 책에서는 다른 책들과 반대의 순서로 중요한 개념들과 방법에 대한 논의를 먼저 했다. 그리고 이제 협상준비에 대해 다루고자 한다.

우선 앞에서 설명한 대로 여러 개의 의제를 묶어서 패키지를 만들고, 그러한 패키지를 복수로 준비하는 것이 중요하다. 그런데 여기에는 전제가 있다. 그 패키지들이 우리에게 주는 효용가치를 알아야 한다는 것이다. 또한 상대방이 제안하는 다른 협상안들에 대해서도 효용가치를 평가할 수 있어야 판단과 의사결정이 가능하다.

이 판단을 도울 간단한 엑셀 계산식을 준비해보는 것도 좋다. 기업의 의사결정은 경제활동이므로 각각의 결정사항에 대해 기대할 수 있는 효용을 자신이 정한 가정과 기준에 따라 업계 관행을 토대로 수치화할 수 있다. 앞에서 예를 든 박 사장의 경우 ERP시스템의 범위를 넓히는 데 소요되는 비용은 단위당 얼마인지, 가격을 할인해주는 데 따르는 기대효과는 할인가격당 얼마인지, 대금을 빨리 지급받는 것은 시기별로 우리에게 얼마나 가치가 있는지, 무상 AS에 따르는 추가비용은 기간당 얼마인지, 유료서비스를 제공하면 비용 대비 수익은 얼마인지 등을 수식화하여 계산식을 준비하면 우리가 제안하는 패키지의 기대효용을 손쉽게 계산할 수 있다. 나아가 현장에서 상대방이 수정제안한 대안의 기대가치도 바로바로 계산 가능하니 상대방의 반응에 유연하게 대처하며 효과적으로 협상을 진행할 수 있게 된다.[86]

은행에 가서 대출 상담을 하면 은행 직원은 컴퓨터 모니터를 보고 있는데 우리는 빈손이다. 은행 직원은 대출금액, 담보, 신용정도, 이자율 등을 컴퓨터에 넣어서 계산해가면서 고객과 상담한다. 자동차 판매사원도 똑같이 컴퓨터를 활용해가며 고객과 상담한다. 기업과 기업 간의 중요한 협상에서도 이 정도의 사전준비는 당연하지 않겠는가. 기업 간 협상은 대부분 개인이 아니라 팀으로 대응하므로, 팀원 중 한 명은 현장에서 노트북에 미리 준비한 계산식을 활용해 오가는 협상안들의 기대가치를 계산하는 것이다. 이처럼 복수의 패키지를 준비하고 그 패키지들의 효용가치를 바로 산출해낼 정도가 되어야 비로소 협상준비가 된 것이라 할 수 있다.

아울러 미리 준비한 패키지 대안들 가운데 상대방이 어떤 대안을 선호하는지 살펴보면 그들의 우선순위를 파악할 수 있다. 나아가 상대방이 겉으로 주장했던 것과 선호하는 대안이 얼마나 일치하는지 비교해보면 상대방의 진정성까지도 알 수 있다.[87] 예컨대 상대방이 자신들은 급할 것 없다는 듯한 태도를 취하고 부품을 빨리 납품받는 것이 중요하지 않은 것처럼 말하면서 가격을 인하하라고 요구할 수 있다. 그러면서 정작 우리가 준비한 대안들 가운데 납품이 빠른 대안을 우선적으로 고려한다면 상대방의 말은 신뢰하기 어려울 것이다.

통합적 협상결과를 얻기 위해서는 서로 신뢰하는 관계 속에 각자 원하는 바를 상대방에게 알리고 이해함으로써 양자가 진정으로 원하는 바를 충분히 얻을 수 있어야 한다. 나는 상대방을 믿고 내 정보를 제공하며 협력했는데 상대방이 이를 악용한다면 내게 매우 불리한 결과를 초래할 위험이 크다. 따라서 상대방이 진정성을 가지고 협상에 임하는지를 판단하는 것은 매우 중요하다.

이때에도 엑셀 수식이 도움이 된다. 효용가치를 엑셀 수식으로 준비한 것과 마찬가지로 상대방의 예상 기대가치를 수식으로 준비해보는 것이다. 우리가 준비한 정보를 바탕으로 상대방의 협상목적과 그에 따라 각 의제의 우선순위와 예상 합의사항들이 제공하는 기대가치들을 추론해 간단한 계산식을 준비한다. 이 계산식은 유추에 따른 것으로 오류가 있을 수밖에 없으니 협상과정에서 상대방의 반응에 따라 수정 보완해야 한다. 이 과정을 거치면서 우리의 제안들이 상대방에게 매력적일지 아닐지 미리 예상해볼 수 있다. 윈윈을 추구하는 협상이라면 우리에게 매력적인 합의안이 상대방에게도 매력적일 때 쉽게 합의될 수 있기 때문이다. 또한 상대방의 주장과 실제 선택이 얼마나 일치하는지 면밀히 살피는 것은 단기적으로 협상을 성공적으로 이끄는 것뿐 아니라 장기적으로 신뢰할 수 있는 사업파트너를 선정해 나가는 데에도 유용하다.

예를 들어서 연습해보자. 쉽게 이해할 수 있도록 8장에서 예로 든 K사와 M사의 사례에서 K사의 협상대표로서 협상준비를 한다고 가정하자. 한국의 K전자와 글로벌 기업인 M사가 합작투자를 위한 협상을 준비하고 있다. K전자의 김 상무는 협상대표로서 이 협상의 목표를 M사와 협력하여 합작으로 최고의 컴퓨터를 만들어서 국내외 시장에 판매하고, 그 과정에서 기술을 습득해 미래의 경쟁력을 확보하는 것으로 정했다. 한편 다양한 경로로 입수된 정보를 통해 M사가 K사와 협력하려는 주된 목적은 우리나라를 비롯한 아시아 시장에 빠른 시일 내에 진출하는 것이라고 판단했다.

김 상무는 협상준비를 효율적으로 진행하기 위해 오른쪽과 같은 표를 작성했다. K사에 관한 항목은 자사의 상황 및 자신들이 의사결정한 내용을 정리하는 것이므로 어려움이 없었다. 그러나 M사에 관한 항목은 수집한 정보와 상대방이라면 어떻게 할지 논리적으로 추론한 결과를 바탕으로 가능한 영역만 기입했다.

첫째, '협상목적'에는 사내에서 정한 K사의 진정한 협상목적을 정리하고, 상대방이 협상을 통해 얻고자 할 것이라 예상되는 목적을 넣었다. 그다음에는 협상목적에 비추어 협상 테이블에서 논의할 주요 협상의제 두 가지를 우선순위에 따라 정리했다. K사에게 가장 중요한 의제는 기술이전이다. 기술을 많이 이전받아야 자사의 협상목적인 미래 경쟁력을 확보할 수 있다. 유통망을 어떻게 구성할지도 이번 협상의 주요 의제가 될 테지만 K

K사와 M사의 협상준비(작성자 : K전자 김 상무)

	K사	M사
협상목적	최고의 컴퓨터를 만들어서 국내외 시장에 판매하고 이를 통해 기술을 습득하여 미래 경쟁력을 확보함	우리나라를 비롯한 아시아 시장에 빠른 시일 내에 진출함
협상의제 및 우선순위	1) 기술이전 2) 유통망	1) 유통망 2) 기술이전
의제별 최대목표	1) 기술이전 : 노트북과 PC의 핵심기술을 모두 이전받음 2) 유통망 : K사의 유통망을 사용하지 않고 합작법인 별도의 유통망을 구축함	?
공개할 주요정보	합작사업을 통해 기술을 습득하기를 원함 대안으로 C사와도 협의하고 있음	상대방의 협상의제 우선순위 확인
공개하지 않을 주요정보	C사와의 구체적인 협의사항	
필요한 질문	우리 외에 다른 대안을 가지고 있는가? 있다면 그들과 협의된 조건은 무엇인가?	예상질문 : 우리의 최저조건은?
패키지1	노트북과 PC의 핵심기술을 모두 이전받고 K사의 유통망을 통해 합작법인의 제품을 판매함 : 기대가치 400만 달러	200만 달러?
패키지2	노트북의 핵심기술만 이전받고 합작법인 별도의 유통망을 구축함 : 기대가치 250만 달러	300만 달러?
패키지3	노트북과 PC의 핵심기술을 모두 이전받고 K사의 유통망을 통해 합작법인의 제품을 판매함 : 기대가치 350만 달러	350만 달러?

사 입장에서는 기술이전만큼 중요하지 않다. 반면 M사는 그들의 협상목적에 비추어볼 때 유통망 구성을 가장 중요한 이슈로 다룰 것이라 추론했다.

둘째, 의제별로 협상을 통해 얻고자 하는 최대목표와 그 이상은 양보할 수 없는 최저조건을 설정했다. K사에는 기술이 가장 중요하므로 노트북과 PC의 기술을 가능한 모두 확보하는 것이 최대목표다. 사정이 여의치 않을 경우 노트북 기술만이라도 확보하는 것을 최저조건으로 정했다. 유통망은 자사의 기존 채널을 적게 내주는 편이 좋겠으나 그러면 협력의 의미가 없어지므로 필요하다면 유통망은 내줄 수 있다. 따라서 최대목표는 K사의 유통망을 사용하지 않고 합작법인 별도의 유통망을 구축하는 것으로 정하고, 필요한 경우 K사의 유통망을 활용해 합작법인의 제품은 물론 M사의 제품까지 판매하도록 하는 것을 최저조건으로 정했다. 상대방의 협상의제별 목표와 최저조건에 대해서는 대략 짐작은 하지만 정보가 부족하여 구체적으로 예상하기는 어려웠다.

셋째, 우리 측에서 공개해야 할 정보, 공개해도 좋을 정보, 공개하지 말아야 할 정보들을 정리했다. 우리가 협상을 통해 얻고자 하는 진정한 목적이 합작을 통한 경쟁력 확보임을 강조하고, 마찬가지로 상대방의 목적에 대해서도 공유하고 공감할 필요가 있다. 우리가 기술이전을 중시한다는 사실을 M사에 알리고, 그들이 중요시하는 것이 유통망 활용인지 확인하는 것도 필요할 것이다. 우리가 별도로 접촉하고 있는 C사와의 협력건에 대해서는 그러한 사실이 있음을 알리는 편이 낫겠다고 판단했고, 다만 협의되고 있는 구체적인 조건에 대해서는 알리지 않기로 정했다. 또한 상대방이 우리 외에 다른 대안을 가지고 있는지 탐색하는 질문을 던지기로 했다. 상대방의 예상질문에 대해서도 검토해보고, M사가 우리의 협상의제별 최저조건이 어느 정도인지 물어보아도 구체적으로 알리지 않기로 정했다.

넷째, 지금까지 준비한 사항들을 종합해 우리가 제안할 패키지 협상안을 준비했다. 1안은 우리가 가장 중요시하는 기술을 최대한 받고 유통망을 상대방에게 중간 정도로 제공하는 안이다. 이 안은 우리에게 400만 달러의 가치를 제공한다. 상대방은 자신이 중시하는 유통망을 중간 수준으로 받고 기술을 다 내주게 되므로 이 안에 크게 만족하지는 않을 것으로 보인다. 2안은 M사가 두 가지 기술을 모두 주는 것이 불가하다고 주장할 경우에 대비해 기술이전을 중간 수준으로 받고, 대신 유통망을 최소한으로 내주는 패키지다. 우리의 유통망을 적게 제공한다는 면에서 비용이 다소 줄어들지만 우리에게 더욱 중요한 기술을 충분히 확보하지 못하게 되므로 기대가치는 250만 달러다. 상대방의 기대가치는 정확히 알 수는 없으나 기술을 적게 제공한다는 면에서 매력을 느낄 수 있다. 3안은 상대방이 필요로 할 것으로 예상되는 유통망을 최대한 제공하고 우리에게 필요한 기술을 최대한 받는 패키지다. 우리에게 350만 달러의 가치를 제공하므로 1안보다는 못하지만 2안보다는 낫다. 유통망을 충분히 제공하는 안이므로 상대방에게도 충분한 가치를 줄 것으로 기대된다.

다섯째, 패키지의 기대가치를 곧바로 계산할 수 있는 엑셀 계산표를 준비했다. 기술이전의 3가지 방법 중 하나를 고르고 유통망 활용의 3가지 방법 중 하나를 골라 각각의 가치를 산출하고 두 값을 더하면 우리의 기대가치를 계산할 수 있었다. 협상의 제가 복잡하더라도 몇 가지 가정을 추가하면 간단한 사칙연산만으로 충분히 기대가치를 계산할 수 있다. 우리 측의 계산식을 바탕으로 상대방에 대해서도 잠정적인 계산식을 준비했지만 여기에는 여러 가지 가정이 들어갈 수밖에 없고, 그 가정이 맞는지는 협상 테이블에서 상대방과 대화하면서 수시로 확인하고 수정할 필요가 있었다.

끝으로 상대방을 만났을 때 어떤 말로 인사를 주고받으며 우호적인 분위기를 조성하고 신뢰의 첫 단추를 끼울지 준비했다. 그다음에는 서로의 목적과 협상의제들을 확인하고 각각의 우선순위에 대해 어떻게 자연스럽게 대화로 풀어나갈지 머릿속으로 그려보았다. 이후 각자가 원하는 조건들을 교환한 다음 우리가 준비한 패키지들을 어떤 순서로 제시하고, 어떻게 양보를 주고받으며 최종 결론에 도달할 수 있을지 준비했다.

물론 협상을 해본 이들은 안다. 아무리 철저히 준비하더라도 협상 테이블에서는 우리의 준비 범위를 벗어나는 일이 언제나 일어난다는 것을. 언제든 예기치 못한 상대방의 요구나 질문이 날아와 당황할 수 있다. 그러므로 우리의 제안에 대한 상대방의 반응이나 있을 수 있는 돌발사태 등을 미리 예측해보고, 그에 대한 대응책을 마련하는 창의적이고 유연한 사고가 필요하다.

정말 중요한 협상이라면 협상팀을 둘로 나누어 한쪽은 상대방의 역할을 하며 예행연습을 해보는 것도 좋다. 상대방의 입장이 되어 정보를 다시 수집하고 문제를 새롭게 정리해보며, 이를 토대로 협상전략을 수립하는 것이다. 그러고는 협상 테이블에 마주 앉아 모의협상을 진행한다. 그런 다음 모의협상 결과를 놓고 서로 자신과 상대방에 대해 느낀 점을 토론하고 개선점을 찾는다면, 실전에 좀 더 침착하고도 전략적으로 임할 수 있을 것이다.

CHAPTER 10

사실과 다르게 말할
필요도 있는가

"필요하다면 때로는
사실과 다르게
이야기하는 것이
더 나은 결과를
가져올 수 있다."

당신은 이에 동의하는가?

한국의 경영자 100인에게 물었더니
43%가 "그렇다"고 대답했다

　A기업의 김 사장은 시쳇말로 '허풍'이 있는 협상가다. 과거의 매출실적을 부풀린다든지, 있지도 않은 구매 희망자가 있는 것처럼 허세를 부리기도 한다. 자사 제품의 품질에 대해서도 실제보다 좋게 이야기한다. 또한 판매가격도 자기 생각보다 일단 높게 부르고, 그 이하로 판매하면 손해가 난다고 과장해서 말한다. '협상하다 보면 사실과 조금 다르게 말할 수도 있는 것 아닌가', 이것이 김 사장의 생각이다.

　김 사장도 자사의 제품에 결함이 있다는 것을 모르지 않는다. 그러나 주의를 기울이지 않으면 구매자가 알기 어려운 사소한 결함이고, 모든 제품에 문제가 나타나는 것도 아니다. 구매자가 제품을 구매한 직후 곧바로 결함을 발견하기는 어려우며, 한참 후에 알게 되더라도 원래 하자가 있었던 것인지 사용하다가 생긴 문제인지 알기는 어렵다. 김 사장은 그러한 문제를 대수롭지 않게 여기고 정상적으로 거래하고 있다.

　당신은 어떻게 생각하는가? 필요하다면 사실과 다르게 말하는 것이 협상에 유리할까? 누구나 협상을 자신에게 유리하게 이끌고 싶어 할 것이다. 과장이나 허세는 과연 협상에 도움이 될까? 그렇다면 협상에서 어떤 과장이 허용되고 어떤 과장은 허용되지 않을까?

이는 협상에서 목적과 윤리성의 관계를 묻는 질문이기도 하다. 단기적으로는 누구나 자신에게 유리하게 사실을 과장하거나 왜곡하고 싶은 유혹을 느끼게 된다. 또한 그렇게 하면 결과가 좋아질 것이라 생각하기 쉽다. 내가 하고 있는 협상은 과연 윤리적인 협상인가? 윤리적으로, 법적으로 문제가 없다고 허용되는 범위는 어느 정도인가?

이 주제는 개인과 기업의 가치관과 밀접히 연결돼 있으며 그들에 대한 신뢰와 평판에도 영향을 미친다. 협상성과도 당연히 달라진다.

사실을 말하는지 의견을 말하는지 구분하라

──────────────────────────── 윤리적 협상을 하는 첫 걸음은 자신이 하는 말이 '사실'에 관한 것인지, '의견'에 관한 것인지 구분하는 것이다.

객관적 사실을 다르게 말하면 거짓말이다. 이는 비윤리적인 행위임은 물론, 신뢰를 잃는 것을 넘어 법적 문제가 발생할 수도 있다. 자사의 거래실적, 납품조건, 재무상태 등은 객관적 사실에 해당한다. 마찬가지로 현재 협상을 벌이고 있는 상대방 이외에 다른 기업과 협상하면서 제안받은 가격은 객관적 사실이므로 다르게 말하면 안 된다. 괜히 과장해서 한 말이 협상상대의 의사결정에 영향을 미쳐 손해를 끼쳤다면 법적 책임의 대상이 될 수도 있다. 이처럼 최적의 대안BATNA에 대한 구체적인 정보는 객관적 사실에 해당하므로 다르게 말해서는 안 된다. 이때에는 다른 기업이 제시한 가격을 구체적으로 밝히지 않고 그저 좋은 조건으로 구매하려는 곳이 있다고만 해도 기대하는 효과는 충분히 얻을 수 있다. 구체적인 정보를 밝히고 싶지 않다면 정책상 밝힐 수 없다고 대답하면 된다.

단, 밝히기 싫더라도 밝혀야 할 정보들이 있다. 어떤 사실은 말하지 않는 것만으로도 문제가 된다. 자신의 제품에 결함이 있을 때 이를 밝혀야 할까? 실제로 이런 상황에 맞닥뜨리면 많은 경영자들이 갈등한다. 그러나 제품에 문제가 있는 것을 알고, 그것이 거래조건에 영향을 미칠 것을 인지했음에도 이를 밝히지 않았다면 그에 대한 책임을 져야 한다. 물론 문제를 사전에 알고 있었는지 여부가 불명확한 경우도 있고, 이를 입증하기도 쉽지는 않다. 그러나 원칙적으로는 상대방이 그와 같은 사실을 통보받지 못하여 잘못된 의사결정을 하고, 그 때문에 손해를 입었다면 책임을 져야 한다.

거래대상이 고가이고 시스템이 복잡할수록 사전고지에 대한 논란은 더욱 커지곤 한다. 가장 대표적인 예가 기업 인수합병을 위한 협상이다. 매매대상인 기업은 살아 있는 유기체와 같아서 이런저런 이유들로 가치가 달라지기 십상이다. 예상치 못했던 문제나 사고가 발생하기도 하고 인수 전에는 알지 못했던 채무 관계가 나타나기도 한다. 해당 기업에 관한 정보는 당연히 파는 쪽이 사는 쪽보다 더 많이 가지고 있기에 문제가 복잡해진다. 사는 쪽에서 회계법인 등 전문가를 동원해 실사를 해도 제한된 기간 동안 모든 것을 파악하기란 현실적으로 불가능하다. 기계나 설비가 노후돼 문제가 발생할 가능성이 높은지, 이미 판매한 제품들이 불량이어서 사후에 반품이 들어오거나 위약금을 물어줄 상황인지, 직원들의 사기가 떨어져 핵심인력들이 회사를 떠나려 하는지, 외상 매출금을 받기 어려운 상황인지, 겉으로 드러나지 않은 부채가 있어 머지않아 상환 요구가 있을 것인지 등, 구매하는 쪽에서는 알기 어려운 사항은 얼마든지 있다. 이는 모두 '사실'에 관한 것들로서 파는 쪽에서는 알고 있을 수도 있고, 어렴풋이 짐작할 수도 있고, 모를 수도 있다. 사는 쪽에서는 각종 문제가 발생할 가능성을 사전에 확인하고 위험을 배제하거나, 실제 문제가 발생하면 파는 쪽이 책임지도록 강제하려 할 것이다. 물론 파는 쪽에서는 계약완료와 동시에 모든 책임에서 벗어나기를 원할 것이다. 여기에도 신뢰가 중요하다. 아울러 대상기업과 경영자의 평판, 대상기업을 대리하는 투자회사, 변호사 등 협상전문가들의 역량과 평판도 중요한 역할을 한다.

실제 협상현장에서 벌어지는 협상윤리 이슈는 대부분 정보와 관련된 사안을 둘러싸고 일어난다. 뇌물이나 인력스카우트 등 불법적 혹은 비윤리적 방법을 동원해 상대방의 정보를 구하는 행위, 상대 협상팀에 대한 부정적인 정보를 흘려서 교란시키는 행위, 대중매체에 자신에게 유리한 정보를 조작해서 흘리는 방법 등이 사용되곤 한다. 어느 조사에 의하면 우리나라 경영자들 상당수는 윤리적으로 옳지 않은 방법들을 실제로 사용하고 있으며, 이 때문에 갈등을 느끼는 것으로 나타났다.[88]

반면 주관적 판단이나 의사결정에 관한 것은 속마음과 다르게 말한다고 해서 문제 되지 않는다. "우리 회사의 기술이나 제품은 국내 최고 수준이라고 자부한다"는 발언은 객관적으로 1위 기업이 아니어도 할 수 있다. 또는 상대방의 제안대로 계약해도 괜찮다고 생각하면서도 "그 조건에는 계약할 수 없다"고 전략적 발언을 하는 것은 법적, 윤리적 문제가 되지 않는다. "우리의 마지노선은 ○○이다"라는 발언이 자신의 진정한 의도와 다른 경우도 마찬가지다.

다만 상대방과 장기적으로 거래하며 신뢰를 쌓아가는 데 지금의 발언이 어떠한 영향을 미치게 될지에 대해서는 별도로 고려해보아야 한다. '내 발언이 정당한가'라고 스스로에게 물어보면 정확한 판단을 할 수 있을 것이다. 합리적인 근거를 통해 자신을 설득할 수 있다면 그 발언은 정당화될 수 있다. 반면 상대방의 반론에 합당한 근거를 제시하지 못해 당황한다면 스스로 신뢰를 해치는 결과를 초래할 위험이 있으니 주의하자. 실제 생각보다 높여서 최저가를 말했다가 상대방이 강하게 반발하는 바람에 한발 후퇴한다면 상대방이 그 말은 곧이곧대로 받아들일까? 오히려 우리의 최저가 발언 자체를 불신하며 재차 양보를 요구할 것이다. 눈앞의 이익에만 연연해 윤리성에 한 눈 감았다가는 본전도 못 찾고 신뢰마저 잃기 쉽다.

2016년 대한민국 협상대상을 수상한 한국콜마의 윤동한 회장은 협상윤리에 대해 많은 시사점을 제공한다. 윤 회장은 1993년 한국콜마를 OEM 업체에서 탈피해 제조업자개발생산ODM 업체로 바꾸기로 결정하고, 1사1처방, 거래처 비밀보호를 거래의 원칙으로 정립했다. 1사1처방 원칙은 한국콜마의 독특한 처방을 여러 기업에 제공하지 않고 오직 한 기업에만 제공하는 것이며, 거래처 비밀보호 원칙은 거래처가 공개를 원치 않는 정보나 처방 등은 외부에 노출하지 않는다는 것이다. 많은 거래기업들이 유리한 조건을 제시하며 다른 기업의 정보를 요구해도 그는 이같은 원칙을 철저하게 지켰다. 그 결과 고객들과의 신뢰가 더욱 돈독해졌음은 물론이며, 이는 다시 협상에 긍정적인 영향을 미쳐 한국콜마가 국내 최대의 화장품 ODM 업체로 성장하는 디딤돌이 되었다.

윤리적 협상은 기업과 협상당사자의 엄격한 윤리의식이 전제되어야 한다. 이와 함께 적절한 방지수단도 마련해두면 좋다. 합의가 이루어지고 협상이 마무리되면 합의사항을 기록으로 남기고 문서화하는 것은 매우 중요하다. 추후 어느 한쪽이 합의사항과 다른 주장을 할 경우 기록과 문서에 의존할 수밖에 없다. 군이 윤리성 때문이 아니어도, 같은 자리에서 합의한 내용조차 자신의 시각으로 각자 다르게 인식하고 잘못 기억할 수 있는 것이 인간의 한계이기 때문이다.

협상 의뢰인과 대리인의 이익이 상충하는 경우

──────────────── 1971년, 현대그룹의 고 정주영 회장이 선박 건설을 수주하고 조선소를 건설할 당시 500원짜리 지폐에 새겨진 거북선을 A&P애플도어A&P Appledore의 찰스 롱바텀 회장에게 보여주면서 설득해 차관 도입을 성사시켰다는 유명한 일화가 있다. 당시 정주영 회장은 맨손으로 선박왕 오나시스의 처남인 리바노스 회장과 독대해 선박 수주를 따냄으로써 오늘날 현대중공업의 기틀을 다졌다.

이는 개인과 개인이 의기투합해 커다란 결과를 만들어낸 사례다. 실제로 양측의 최고책임자가 합의를 이룬다면 이후의 세부적인 협상과정에서는 조정될 것이 많지 않다. 그러나 조직의 책임자가 직접 나서는 경우는 비즈니스 협상에서 많지 않다. 대부분 협상 테이블에는 조직 구성원이든 외부에서 고용된 협상 전문가든 '대리인'이 앉게 된다. 기업의 임원이 협상대표를 맡았다면 기업의 주인인 주주의 위임을 받은 CEO로부터 또다시 위임받아서 협상을 하는 것이다. 기업이나 당사자의 위임을 받은 변호사가 대리인으로서 협상을 진행하는 경우도 적지 않다.

대리인을 협상에 활용하는 데에는 여러 가지 이유가 있다. 첫째, 실무자나 전문가로서 대리인은 현실에 입각한 전문지식을 가지고 있으므로 좀 더 효율적으로 협상을 진행시킬 수 있다. 부동산 매매를 할 때 부동산 중개인을 찾는 이유는 그들이 시세를 정확히 알고 매매에 필요한 절차나 제반 서류를 차질 없이 준비해주기 때문이다. 기업의 인수합병 협상 시 투자은행의 대리인은 인수자금의 규모와 자금원을 확보하고 이들 간의 이해조정에 관한 지식과 경험을 가지고 당사자를 돕는다. 또한 법무법인의 대리인은 법률에 관한 전문지식과 경험을 바탕으로 인수과정에서 발생할 수 있는 문제의 책임소재를 명확히 하고, 이를 합의사항에 반영한다. 나아가 전문가로서의 권위는 그 자체로 협상과정과 협상결과에 영향을 미칠 수도 있다. 사회적 문제가 되고 있는 전관예우 관행은 이 점을 악용한 경우다.

둘째, 대리인은 당사자에 비해 감정에 휘둘리지 않고 객관적, 중립적으로 협상을 진행해 당사자가 하기 어려운 합의를 이끌어낼 수 있다. 법적 분쟁에서 변호사가 필요한 중요한 이유가 이것이다. 감정이 상한 당사자들은 좀처럼 합의에 이르기 어렵지만, 대리인인 변호사끼리는 감정을 배제하고 협상하여 원만히 합의를 도출할 수 있다.

셋째, 대리인을 두고 협상하면 시간적 여유를 갖고 전략적으로 책임범위를 정해 자신에게 유리한 쪽으로 협상을 진행할 수 있다. 당사자가 직접 현장에 나서면 바로 결정하기 곤란한 상황에서도 뒤로 물러서기가 여의치 않다. 본인이 최종 권한을 쥐고 있는데 누구 핑계를 대며 자리를 모면하겠는가. 반면 대리인은 자신의 권한은 여기까지이므로 더 이상 양보할 수 없다고 책임을 미루거나, 의뢰인이나 상사의 허락을 받아야 한다는 이유로 시간을 벌고 다른 대안을 모색할 여유를 가질 수 있다.

넷째, 비밀을 유지해야 하는 경우 의뢰인을 밝히지 않고 대리인이 협상을 진행할 수 있다. 당사자가 직접 협상에 나서면 사회적 파장이 우려되는 경우가 있다. 또한 큰 프로젝트를 기획하고 있는 단계에 당사자인 대기업이 직접 나서면 예상치 못했던 경제적 파급효과가 발생할 위험이 있을 때 대리인을 활용하기도 한다.

그러나 대리인을 내세워서 생기는 문제도 간과해서는 안 된다. 대리인을 고용하는 비용이 발생한다는 기본적인 문제 외에도, 협상을 의뢰한 개인이나 조직의 이익과 협상자의 이익이 반드시 일치하지는 않기 때문이다. 예를 들어 자신이 소속된 회사의 사업이나 공장을 매각하면 자신의 직책이 위태로워지는 경우가 있을 수 있다. 실제로 이 때문에 매각에 불리한 정보를 우회적으로 공개하는 일이 생기기도 한다. 반대로 성공보수가 걸린 거래에서는 마땅히 공개해야 하는 불리한 정보를 대리인이 의도적으로 감추고 거래를 성사시키는 경우가 있다.

다음은 내가 참여하고 관찰한 협상에서 실제로 일어났던 일을 재구성한 것이다.

H사는 정밀화학 분야와 전자재료, 박막재료 등 전자소재 분야의 사업을 하고 있다. 이 회사는 신규사업인 전자재료, 박막재료와 시너지를 창출할 수 있는 T사를 인수합병 대상으로 선정했다. 인수협상 과정이 본 궤도에 오른 후 이들은 7개월간 협상을 진행해 법적 구속력을 지니는 양해각서Binding MOU를 체결했다. 이어서 5주간 정밀 실사를 하고 1개월간 가격조정 협상을 통해 애초의 매매대금을 약 6.7% 인하하는 조건으로 본계약을 체결했다.

T사를 인수하겠다는 결정은 H사의 전략적 판단에 의한 것이었다. H사는 신사업에 진출하기 위해서는 전략방향에 합당한 기업을 인수합병하는 것이 가장 합리적이라 판단하고 1년 넘게 시장에 나오는 기업들을 모니터하다 T사를 발견했다. H사의 매매의향에 별다른 관심을 보이지 않던 T사는 상당한 시일이 흐른 후 공개적으로 시장에 매각의사를 밝혔고, 최종적으로 H사와 협상을 진행하게 되었다.

H사의 전략적 판단이 현실화되려면 인수가격이 합리적이어야 하고, 예상치 못한 문제나 채무가 발생하지 않아야 했다. 따라서 H사의 협상단은 이 점에 초점을 맞춰 협상을 진행했다. 한편 T사는 국내외 투자전문회사들이 주식의 99% 이상을 보유하고 있었다. 그들은 주식을 전량 인도함으로써 투자수익을 실현

하고, 이후에는 T사에서 발생할 수 있는 채무나 부실채권 등의 모든 문제에 대한 책임에서 벗어나기를 희망했다.

그러나 상대방인 H사로서는 그 요구조건 때문에 오히려 T사를 믿지 못하게 되었다. 회사 상황에 자신 있다면 굳이 그런 주장을 강하게 할 필요가 없지 않은가? 그러나 T사의 협상대표들은 경영진이 아니라 T사의 지분을 소유하고 있는 투자회사의 대리인들이었다. 이들은 회사 지분을 소유하고 있지만 사실상 회사에 어떤 문제가 있을지 속속들이 알지 못했기 때문에 훗날 자신들에게 돌아올지 모를 책임을 회피하고자 했던 것이다. 이 점을 이해한 H사는 그들의 요구를 최대한 수용하는 대신 가격 인하를 요구해 좋은 조건으로 T사를 인수할 수 있었다.

대리인인 협상대표는 협상결과가 회사나 주주에게 미칠 영향을 당연히 우선으로 고려해야 한다. 그러나 동시에 협상결과가 자신에게 미칠 영향을 생각하지 않을 수 없다. 회사와 자신에게 미칠 영향이 상충된다면? 그때에도 자신의 이익보다 회사의 이익을 먼저 고려할까? 회사 전체를 보면 당장은 조금 손해이지만 장기적으로는 협상을 타결시키는 것이 맞다고 생각하더라도, 그러한 협상결과를 최고경영진이나 상급자들이 달가워하지 않는다면? 대리인은 아마 협상을 결렬시킬 것이다. 최소한 당장의 책임은 면할 수 있기 때문이다.

여기에 더해 대리인이 개입된 협상에서는 당사자 간의 협상과는 또 다른 윤리적인 문제가 발생하게 된다. 이는 비단 협상에서뿐 아니라 기업경영 전반에 걸쳐 나타나는 문제로 경영학에서 수십 년간 다루어져 왔다.[89] 대개 협상결과에는 협상당사자의 이해관계도 걸려 있기 때문에 협상을 자신에게 유리한 쪽으로 이끌려는 유인이 항상 존재하며, 보통의 인간이 당면하는 윤리적인 문제도 어김없이 발생한다.

대리인 문제는 경영과 관련된 복잡하고 인과관계가 불분명한 의사결정에서 대리인이 당사자인 의뢰인이나 주주보다 더 많은 정보를 가지고 있을 때 생기기 쉽다. 기업 상황이 복잡하고 변화가 심할수록 경영성과가 좋은 것인지 나쁜 것인지, 경영자의 의사결정에 따른 결과인지 경기변동이나 상황의 변화에 의한 것인지 외부에서는 알기 어렵다. 반면 대리인인 경영자는 자신의 의사결정이 회사 및 자신의 이익에 어떤 영향을 미칠지 가장 잘 알고 있으며, 두 가지 이익이 상충할 경우 자신에게 유리하도록 의사결정할 가능성이 높아진다. 장기적으로는 회사에 이익이 될 것으로 기대되더라도 당장 투자를 많이 해야 한다면 자신의 단기성과가 나빠지므로 회피하지 않겠는가.

대리인이 협상과정에서 알게 된 정보를 이용해 자신의 이익을 추구하거나 그 정보를 다른 사람들에게 공개해서 해당 기업에 손해를 끼치거나 사회적 비용을 발생시키는 경우는 생각보다 많다. 기업 인수합병 협상에서 이런 일이 벌어지면 피인수기업은 물론 인수기업의 주가에도 영향을 미친다. 어떠한 이유로

든 협상에서 알게 된 정보를 공개하거나 정보를 이용해 부정한 이익을 추구한다면 문제가 발생한다. 이 때문에 인수합병 과정은 철저한 비밀을 요구하게 된다.

3장에서 사례로 제시한 것과 같이 1997년말 외환위기 이후 대우자동차에 대한 국제매각협상이 진행되었다. 당시 금융감독위원장은 포드를 우선협상대상자로 선정한다고 발표하면서 포드가 7조 7000억 원을 인수금액으로 제시했다고 밝혔다. 이는 매각협상이 완전히 체결되기 전에는 인수가격을 공개하지 않는 국제협상의 기본을 무시한 행동이었다. 7조 원이 넘는 인수 예정가격이 발표되자 채권단은 물론 전 국민은 대우자동차 매각이 성공적으로 진행되고 있다고 안심했지만, 정작 인수자로 나선 포드는 큰 타격을 입었다. 인수예정가격이 공개된 만큼 이후 협상에서 최종 인수가격을 제시하는 데 어려움이 있을 것임은 자명했다. 7조 원 이하의 금액으로 인수할 경우 한국 국민들로부터 받을 비난은 어떻게 감당할 것인가.

이는 급기야 포드의 주가에도 부정적 영향을 주었다. 한국 정부의 발표 후 미국 월가에서는 부실한 기업을 터무니없이 비싼 가격에 인수하려 한다는 분석이 나왔고 이것이 포드의 주가에 악재로 작용했다.[90] 우여곡절 끝에 결국 포드는 대우자동차 인수를 포기했다. 그 와중에 대우자동차의 가치는 계속 하락했다. 그러나 정작 계약파기에 대한 책임문제를 사전에 문서로 정해두지 않아서, 당초 비현실적으로 큰 인수의향가격을 제시해 우선협상대상자로 선정되고도 협상을 일방적으로 파기한 포드자동차는 아무런 제재도 받지 않았다. 그 피해는 고스란히 한국의 부담으로 돌아왔으니, 결과적으로 국가적 손실을 초래한 셈이다.

이 경우 정부와 협상대표는 국민의 위임을 받은 대리인이다. 이들은 문제를 해결하기 위해 열심히 노력하고 있다는 것을 알리고자 협상과정을 공개했을 것이다. 그 때문에 협상 자체가 결렬되었지만, 대리인인 정부는 국민에게 아무런 책임도 지지 않았다.

대리인이 개입함으로써 생기는 함정에 빠지지 않으려면 협상대표에게 합당한 권한을 주면서 동시에 책임 한계를 정해주어야 한다. 무엇보다 믿을 수 있는 협상대표를 선정하는 것이 기본이다. 협상상대와의 신뢰도 중요하지만 협상대표와 상급자, 최고경영진으로 이어지는 다층적 구조에서의 신뢰도 매우 중요하다.

그런 다음 협상대표가 충분한 권한을 가지고 회사의 이익을 위해 협상을 진행할 수 있도록 해주어야 한다. 이를 위해서는 협상결과에 따르는 회사의 이익과 협상대표의 이익을 일치시키고 연동시킬 수 있는 구조를 만들어야 한다. 즉 회사에 득이 되는 만큼 그에 비례해 협상대표가 받게 되는 유형, 무형의 혜택이 커지게 되는 구조를 만드는 것이다. 경영자에게 주어지는 스톡옵션이나 성과 인센티브 등이 대표적인 예다.

또한 당사자와 대리인 간의 의사소통을 철저히 관리해야 한다. 협상하는 기업의 규모가 클수록, 협상사안이 복잡할수록 관련된 사람의 수도 많아지고 더 다층적인 위임구조가 생겨나게 된다. 이때 당사자가 자신이 알고 있는 정보를 얼마나 자세히 대리인에게 알려줄 것인가의 문제가 발생한다. 불리한 정보를 대리인에게 알리지 않고 협상을 진행하도록 한다면 윤리적인 문제뿐 아니라 법적인 문제를 야기할 수 있다. 세계적으로 이슈가 된 폭스바겐 사의 배출가스 조작 사건이 바로 그런 경우였다. 결함을 안 경영진이 일선 판매원에게 문제를 알리지 않고 판매한 것이다.

그렇다면 내가 알고 있는 모든 정보를 고스란히 대리인에게 제공해야 하는가? 대리인과 당사자 간의 신뢰가 없는 경우라면 자칫 대리인이 본래 목적과 달리 자신의 이익을 추구하는 방향으로 협상을 진행시킬 위험이 있다. 실제로 당사자가 가진 대안과 최저조건을 알려주는 것은 대리인이 기회주의적으로 행동할 빌미를 줄 수 있다.[91] 즉 대리인이 더 나은 조건으로 협상할 수 있음에도 편하게 합의해줌으로써 당사자의 이익을 줄이고 자신의 보상을 추구할 수 있다는 것이다. 따라서 대리인에 대한 신뢰가 부족하다면 당사자가 추구하는 진정한 목적과 협상목표에 초점을 맞춰 정보를 제공하는 편이 좋다.

대리인도 마찬가지 고민을 하게 된다. 협상과정에서 알게 된 정보를 의뢰인인 당사자에게 얼마나 알릴 것인가? 이론적으로는 서로 정확한 정보를 주고받는 것이 타당하나, 실제로는 인센티브 구조에 따라 정보가 왜곡되거나 축소돼 전달될 위험이 있다. 그러한 경우 협상당사자의 목적보다 대리인의 이익이 우선시되는 현상이 발생할 수 있다. 협상과정에서 상대방 기업의 사업이나 제품과 관련된 문제를 알게 되었고, 이를 상급자나 의뢰인에게 알리면 협상이 결렬될 것이라 판단했다고 가정해보자. 협상이 결렬되면 자신의 실적과 보상, 승진 등에 부정적인 영향을 미칠 것이라고 예상한다면 이 정보를 모른 척하고 그냥 넘어갈 가능성이 높다.

위임구조가 다층적인 국가 간, 기관 간 협상에서는 대리인과 관련된 제반 문제가 발생할 가능성도 훨씬 크다. 특히 국가 간 협상은 워낙 복잡한 의제가 많고 비밀리에 진행되는 경우도 많아 결과를 일일이 모니터하기 어려운 것이 현실이다. 그럴수록 신뢰가 더욱 중요한 역할을 한다. 특히 가치관과 비전에 기반한 신뢰가 중요하다. 한 국가를 대표하는 협상대표는 투철한 국가관을 가진 믿을 수 있는 사람이어야 하는 이유다.

팔리지 않아야 할 윈스턴하우스는 왜 팔렸는가

자, 이쯤에서 모의협상을 한번 해보자. 강의시간에 나는 학생들과 다음의 협상

과제를 함께 풀어보곤 한다.

윈스턴하우스(가명)[92]는 미국 대도시에 위치한 대규모 저택이다. 이 저택을 오랫동안 소유해온 윈스턴 가문은 최근 저택을 매각하기로 결정했다. 저택을 자랑스럽게 여겼던 그들은 건물의 원형을 유지하고 상업용이 아닌 주거용으로 사용할 경우에만 거래한다는 원칙을 정해놓고 대리인에게 부동산 매각을 위임해놓았다.

이 소식은 평소 이 저택에 관심을 보였던 어느 호텔 체인에도 전해졌다. 그들은 곧바로 저택을 구입해서 허문 다음 근처 부지를 추가로 확보해 호텔을 건축하겠다는 계획을 세웠다. 그러나 호텔을 건축하려 한다는 사실이 알려지면 근처의 땅값이 급등할 것이므로 부지 구매를 완료하기 전에는 호텔건축 계획을 결코 발설하지 말아야 한다는 조건으로 대리인에게 부지 구매를 위임했다. 양측 대리인은 각각의 조건을 충족시키면서 거래를 성사시켜야 했다.

협상을 시작한 대리인들은 이내 난관에 부딪혔다. 윈스턴하우스의 대리인은 소유자가 강조한 대로 주택의 원형을 보존하며 주거용으로만 사용한다는 조건을 만족시키기 위해 상대방에게 건물을 어떤 용도로 사용할 것인지 질문했다. 만일 호텔 측 대리인이 지시받은 대로 호텔 건축에 대한 사항을 비밀에 부치고 말해주지 않는다면, 윈스턴하우스의 대리인은 대답을 듣기 전에는 거래를 보류해야 할 것이다. 답변을 듣지 못한 채 거래를 성사시킨다면 거래수수료는 받을지 모르나, 의뢰인들이 원했던 주택의 원형보존은 이루어지지 않을 것이다. 즉 의뢰인이 원하는 것에 반해서 거래를 성사시키게 된다. 윈스턴하우스의 대리인은 그에 대한 책임을 지게 될 수도 있다.

한편 질문을 받은 호텔 측 대리인이 의도를 곧이곧대로 알린다면 양측의 협상목적이 상충한다는 사실이 드러나고, 당연히 거래는 이루어지지 않아야 할 것이다. 호텔 건축을 할 것이라고 알렸음에도 윈스턴하우스의 대리인이 이를 의뢰인에게 알리지 않거나 대수롭지 않게 여겨 거래를 성사시킨다면 윤리적으로 문제가 될 뿐 아니라 법적 책임을 면하기 어렵다. 동시에 호텔 건축에 대한 소문이 나서 부동산 가격이 급등한다면 호텔 측 대리인도 그에 대한 책임을 지게 될 수 있다. 그렇다고 부동산 구매 목적을 얼버무리거나 거짓으로 알려 거래를 성사시킨다면 후에 윈스턴하우스 측의 문제제기로 책임을 져야 할 수 있다.

이처럼 이 사례는 모든 경우를 고려할 때 협상이 성사된다면 어느 한쪽이라도 의뢰인의 이해를 해치게 되므로, 원래 당사자의 목적을 달성시키려면 결렬되어야 한다. 그러나 내가 10년 동안 이 사례를 적용해 모의협상을 시행해본 결과 43개의 협상 중 14%인 6개만 거래가 결렬되었다.[93] 즉 86%는 의뢰인의 이해관계를 충실히 만족시키기보다는 대리인으로서 부주의하거나 자신의 이해관계를 우선시하는 협상을 한 것이다.

어쩌다 이런 결과가 나왔을까? 첫째, 대리인들이 의뢰인의 지시사항을 제대로 이해하지 못한 경우다. 지시사항을 제대로 점검하지 않았거나 이를 협상에 반영해야 한다는 사실조차 인지하지 못한 것이다. 어이없다고 생각할 수 있으나 인간 인지능력의 한계 때문에 이런 일은 의외로 자주 일어난다.

둘째, 지시사항을 알기는 했으나 중요성을 충분히 인지하지 못하고, 그것이 협상윤리에 벗어나거나 문제 되지는 않을 것이라고 안이하게 생각한 경우다.

셋째, 문제 될 수 있다는 것을 알았지만 합의를 도출하고 협상을 마무리해야 한다는 의욕이 앞선 경우다. 하던 대로 협상을 진행해 정해진 시간 내에 마무리하는 데에만 집중한 것이다. 모의협상이므로 합의에 대한 성공보수도 없었는데, 합의에 도달했다는 사실 자체가 만족감을 높이기 때문인 것으로 보인다. 그러나 실제 상황이라면 추후 법적 책임까지 지는 상황이 벌어질 수 있다. 설령 법적인 책임은 면한다 해도 윤리적 문제와 신뢰의 문제는 여전히 남는다.

당사자와 대리인 간의 관계를 어떻게 관리할 것인지는 협상현장에서 언제나 문제가 된다.

먼저, 대리인은 의뢰인이나 상사와의 관계를 어떻게 관리해야 윤리적 협상이 가능할까? 협상가들은 '4C'를 기억하라고 조언한다. 상대방과 협상하여 합의안을 도출했을 때 그것이 의뢰인의 진정한 목적을 달성시켜주고 있는지 점검한다Confirm instructions. 의뢰인의 목적에 부합한다면 다행이지만 그렇지 못하다면 다음과 같은 단계를 밟아야 한다. 상대방과 재협상을 해서 더 나은 대안을 찾을 수 있을지 시간을 두고 모색한다Cool off. 또한 현재 상황을 의뢰인에게 알리고 의뢰인의 목적이나 목표가 변함없는지, 수정 가능성이 있는지 확인한다. 필요하다면 의뢰인에게 현실적인 조언을 할 수도 있을 것이다advise Client. 그다음에도 당사자의 목적에 부합하지 않는다면 스스로 협상을 결렬시키는 것이 오히려 윤리적인 행동이다Call it off. 대리인이라면 어떻게든 합의에 도달하고 싶겠지만, 합의안이 의뢰인의 목적과 전혀 다른 것이라면 자신의 보상을 포기하더라도 협상을 결렬시켜야 옳다. 분쟁에서 의뢰인이 원하는 것은 돈이 아니라 명예회복이었는데, 합의안은 당사자의 떨어진 명예는 그대로 둔채 금전보상만 받는 것이라면 의뢰인에게 합의안을 수용하도록 조언하는 것은 바람직하지 않다.

한편, 당사자 입장에서도 대리인이 나의 협상목적을 충분히 달성시켜 주고 있는지 점검해야 한다. 이 역시 '4C'를 기억하면 좋다. 대리인이 현장에서 도출한 합의안이 의뢰인인 당사자의 목적을 반영한 조건들의 우선순위를 만족시켜주는지 확인한다 Confirm your priorities. 이를 만족시키지 못했다면 일단 시간을 두고 제안된 합의안이 수용할 만한지 재점검한다Cool off. 그 결과 양보할 만한 합의안이라면 받아들이는 편이 시간과 제반 비용을 줄일 수 있다. 만일 그렇지 않다면 대리인에게 피드백하고 문제를 바로잡도록 한다Close the loop – advise agent. 그럼에도 여전히 자신의 진정한 목적을 달성시키지 못한다면 협상을 결렬시킬 수밖에 없다Call it off.

결국 의뢰인과 대리인 간에도 신뢰가 관건이다. 신뢰가 형성돼 있으면 관계관리의 문제가 쉽게 풀릴 수 있다. 둘 사이의 신뢰를 구축하는 방법은 앞에서 제시한 바와 다르지 않다. 정보를 공유하고 지속적인 관계를 가지며, 앞으로도 관계가 계속되리라는 기대감을 형성하고, 서로를 모니터할 수 있는 채널을 유지하는 것이다. 덧붙여서, 무엇보다 각자 자신의 평판을 소중히 가꾸어가야 한다.

신뢰의 바탕 위에 윈윈의 구조를 쌓는 것

지금까지 윈윈 협상을 이루기 위해 잊지 말아야 할 것들을 살펴보았다. 그런데 한편으로는 '과연 이대로 하는 사람이 있을까?' 하는 궁금증이 생기기도 한다. 우리는 대부분 각자 경험을 통해 습득한 방법으로 협상을 한다. 누구나 최선의 결과를 원할 터이므로 자신이 아는 최선의 방법을 동원할 것이고, 자신이 그렇게 하고 있다고 생각할 것이다.

그러나 경험을 통해 습득한 협상방법은 완전치 않으며, 어쩌면 윈윈 협상을 하는 데 걸림돌이 될 수도 있다. 우리는 과거에 했던 협상이 과연 최선이었는지 알지 못한다. 사실상 더 나은 협상을 할 수 있었는데도 이를 인식하지 못한 채 협상 경험을 조합하여 자신이 아는 최상의 협상법이라고 생각하곤 한다. 설령 그렇게 해서 과거에 좋은 결과를 얻었더라도 그 방법이 만병통치약일까? 그렇지 않음에도 과거의 성공기억에 기대어 무조건 되풀이하기 일쑤다.

이 책에서는 협상을 하기 위해 반드시 새겨야 할 기본원칙들을 하나씩 짚어보았다. 협상의 기본목적인 윈윈을 이끌어내기 위한 핵심요소들임에도, 우리는 이것들에 대해 잘못된 믿음을 가지고 있었다. 책을 통해 전하고자 하는 메시지를 요약하면 다음과 같다.

첫째, 좋은 협상결과를 원한다면 경험이 쌓이기를 기다리지 말고 적극적인 노력을 해야 한다.

이를 위해서는 협상에 대해 학습하고 훈련해야 한다. 평소 협상에 관심을 가지고 지식을 습득할 뿐 아니라 연습을 통해 협상 능력을 배양해야 한다. 협상은 결국 상대방과의 커뮤니케이션을 통해 이루어지므로 효과적인 커뮤니케이션 방법에 대해서도 지식을 쌓고 훈련해야 한다. 또한 상대방에 대한 정보를 수집하고 어떻게 협상을 풀어나갈지 준비해야 한다. 미국의 거의 모든 경영대학원에서는 협상이 인기 과목으로 자리 잡은 지 오래이며, 글로벌 기업에서도 협상 교육을 체계적으로 하고 실전에 앞서 철저히 준비한다. 그런 상대방을 훈련이나 준비도 없이 협상 테이블에서 맞닥뜨린다면 결과는 뻔하지 않겠는가? "잘 준비된 협상은 이미 성공한 협상"이라는 협상가들의 금언을 되새길 필요가 있다.

준비의 첫걸음은 우리가 처한 상황과 원하는 바를 점검하는 것이다. 협상을 통해 무엇을 얻고자 하는지, 우리에게 있는 대안이 무엇인지 확인하는 것이 출발점이다. 목적을 달성하기 위해 어떤 의제를 다루어야 하는지, 각 의제들을 조합해 어떠한 결과를 얻고자 하는지, 수용할 수 있는 범위는 어디까지인지, 협상을 어떻게 시작해서 어떻게 끌고가 최종 결과에 도달할 것인지 등을 사전에 준비해야 한다.

그리고 이 모든 사항에 대해 상대방의 입장에서도 똑같이 준비할 것을 권한다. 협상에는 항상 상대방이 있으므로 우리의 입장에서만 준비한다면 반쪽짜리가 될 수밖에 없다. 상대방은 왜 이 협상을 하려고 하는지, 겉으로 드러나지 않지만 진정으로 원하는 것이 무엇인지를 파악하도록 노력해야 한다. 자신에게 중요한 것이 상대방에게도 중요할지, 상대방은 어떠한 결과를 원할지 점검하고, 양쪽 다 원하는 것을 얻으려면 어떻게 해야 할지 대안을 생각해두자. 정말 중요한 협상이라면 조직 내에서 팀을 나누어 모의협상을 해보는 것도 좋다. 모의협상이 끝나면 상대방의 입장에서 협상한 이들에게 의견을 듣고 반드시 반영하자. 그럼으로써 상대방의 입장을 이해하고 윈윈 협상을 준비할 수 있다.

둘째, 협상은 인간적인 관계만으로 해결되지 않는다.

물론 인간적인 이해와 우호적인 관계는 기본이지만, 그 위에 상생의 본질적 구조를 찾아내 만들어야 한다. 우리나라에서 종종 문제가 되는 학연, 지연, 혈연을 기반으로 한 소집단의 봐주기 식 거래는 협상의 본질적 구조보다 인간적 관계를 우선시하는 관행에서 온다. 인간적 관계를 중심으로 협상을 진행하면 양자의 효용을 극대화할 수 없으며, 사회 전체적으로도 비효율에 빠지게 된다.

우선 인식의 전환이 필요하다. 협상을 이기고 지는 경쟁적 상황으로 인식하지 않고 공동 문제해결의 관점에서 접근해야 한다. 서로의 차이점을 찾아내고 이를 활용해 원하는 것을 주고받음으로써 모두의 효용가치를 극대화하는 것이다. 중간에서 적당히 양보하고 끝내는 방식으로는 최상의 결과를 이끌어낼 수 없다. 상대방이 필요로 하는 것을 최대한 주고, 내가 필요로 하는 것을 최대한 받는 것이 윈윈의 방법이다. 이를 가능케 하려면 하나가 아닌 다양한 의제로 구성된 협상구조를 만들어야 한다. 그중 나의 협상목적에 비추어 무엇이 중요한지 평가해 의제들 간의 우선순위를 정한다. 나에게 덜 중요하지만 상대방에게 더 중요한 의제는 최대한 양보하고, 상대방에게 덜 중요하지만 내게 중요한 의제는 최대한 양보를 받자.

셋째, 신뢰와 평판을 쌓아야 한다.

협상은 혼자 하는 것이 아니고 항상 상대방이 있으므로 자기만의 생각이나 결정으로는 결과를 만들어낼 수 없다. 협상은 상대방과의 상호작용이며, 여기에는 상호간의 신뢰가 결정적인 영향을 미친다. 사실상 협상에서 생기는 많은 문제가 신뢰의 부재에서 비롯된다고 해도 과언이 아니다. 상대방을 잘 알지 못한다면 섣불리 믿지 못하는 것은 당연하다. 상대방의 무리한 요구를 곧이곧대로 받아들였다가는 나만 손해 볼 것이 뻔하다. 아마 상대방도 똑같은 생각을 할 것이다. 서로를 믿지 못하는 순간 협상은 원원이 아닌 밀고 당기는 자리가 되고, 서로의 기회를 날려버리는 부정적인 결과를 낳곤 한다. 반면 상대방이 우리를 이용하려는 것이 아니라 공정하게 도움을 주고받으려 한다는 것을 믿는다면, 우리가 줄 수 있는 것을 상대방에게 충분히 양보할 수 있다. 마찬가지로 우리가 원하는 것을 상대방의 사정이 허락하는 한 충분히 받을 수 있다.

신뢰를 쌓으려면 각자 자신에 대한 정보를 공유해야 한다. 단, 무조건 정보를 주라는 말은 아니니 주의할 것. 일방적으로 정보를 주었다가는 상대방이 이를 악용할 위험이 있고, 그 경우 오히려 신뢰를 해치기 때문이다. 상대방이 믿을 만한지 주의깊게 살피며 단계적으로 정보를 주고받아 신뢰를 만들어가자. 계속 거래를 해오면서 서로의 행동과 인품을 잘 알고 각자의 평판도 좋다면 자연스레 신뢰가 쌓일 것이고, 앞으로 지속적인 거래가 기대된다면 서로의 신뢰를 저버리지 않도록 노력하게 될 것이다. 더욱이 우리나라는 4단계만 거치면 모두 아는 사람이라고 할 정도로 매우 좁은 사회이며 세계도 점점 좁아지고 있다. 개인이나 기업에 대한 평판은 인터넷과 SNS를 통해 빛의 속도로 전파되고 있다. 평판을 쌓기는 어렵지만 무너지는 것은 한순간이므로 항상 일관된 행동을 통해 자신의 평판을 관리하고 신뢰를 쌓아가는 것이 중요하다.

<u>넷째, 윤리적 협상은 신뢰를 쌓는 데 필수적이다.</u>

　신뢰는 협상의 가장 큰 자산이며, 이는 윤리적 협상을 하는 과정에서 형성된다. 또한 신뢰는 윤리적 협상을 가능케 하는 기반이 된다. 기업은 자산을 활용해 경영활동을 하고, 경영활동의 결과로서 생긴 이익은 자산증가로 이어진다. 마찬가지로 신뢰라는 자산이 있으면 협상을 원활하게 협력적으로 할 수 있으며, 서로 믿고 윤리적인 협상을 할 수 있다.

　협상윤리의 문제는 정보의 비대칭이 있을 때 발생한다. 협상 당사자 중 한쪽이 서로에 대한 정보를 더 많이 가지고 있다면 그 정보를 활용해 일방적인 이득을 취할 수 있다. 예를 들어 오래된 그림을 팔려는 사람은 그림의 가치를 제대로 모르는데 사는 사람은 대가의 그림임을 알아봤다면 그림을 헐값에 사들여 커다란 이득을 취하지 않겠는가? 혹은 파는 사람이 위작임을 속이고 비싸게 팔았을 때에도 부당한 이득을 챙기게 된다. 이때 누가 정보를 더 많이 가지고 있으며 이것이 어떤 결과를 초래했는지에 따라 윤리적, 법적인 문제가 발생한다. 사전에 문제를 알고도 숨겨서 상대방에게 손해를 끼친다면 윤리적인 범위를 넘어 법적 책임의 대상이 된다. 그러나 문제를 사전에 알았는지 여부를 밝히기는 말처럼 쉽지 않기 때문에 종종 법적 분쟁으로 비화하곤 한다. 설령 법적 책임은 지지 않는다 해도 협상 윤리의 문제가 발생한다. 사실상 협상 현장에서 완전한 정보공유란 가능하지 않고 크건 작건 정보의 비대칭이 있을 수밖에 없기 때문에 협상

윤리의 문제는 거의 모든 협상에 내재돼 있다고 해도 과언이 아니다.

윤리적 협상이란 거짓말을 하지 않는 것으로부터 출발한다. 거짓말하고 상대방의 허점을 이용해 속이거나 부당한 이득을 챙긴다면 당장은 이익을 보는 것 같지만 신뢰라는 자산을 갉아먹는 것이며, 한번 훼손된 신뢰는 좀처럼 회복하기 어렵다. 물론 거짓말하지 말라고 해서 모든 정보를 곧이곧대로 내놓으라는 의미는 아니며, 자신의 대안이나 최저가격 등 전략적으로 밝힐 수 없는 정보라면 합당한 이유를 들어 밝힐 수 없음을 설명하면 된다.

다섯째, 조직의 가치관부터 정립해야 한다.

협상은 결국 자신이 원하는 것을 얻고 상대방이 원하는 것을 줌으로써 각자 중요한 것을 얻는 과정이다. 무엇을 가치 있게 여기는지는 개인, 조직, 나아가 사회나 국가의 가치관에 기반을 두고 있다. 기업이 단기적인 이익을 추구하는지, 장기적인 성장을 추구하는지, 사회 속에서 지속가능한 환경을 만들어가는지는 그 기업이 공유하고 있는 가치관의 지배를 받는다. 단기적인 이익을 추구하는 기업의 협상대표는 단기적인 성과를 보여줄 수 있는 협상결과를 추구할 것이며, 장기적으로 회사에 나쁜 영향을 미칠 것임을 알더라도 단기적인 성과를 추구할 수밖에 없다. 인간은 자신이 평가받고 보상받는 기준에 의해 움직이기 때문이다.

따라서 훌륭한 협상결과를 원한다면 조직의 가치관부터 정립하는 것이 우선이다. 과거의 모든 훌륭한 기업들이 그러했듯이 인간을 중시하고 혁신을 추구하며 지역사회에 기여하고 환경을 보호하는 가치관을 정립하고 구성원들과 공유하는 것이야말로 궁극적으로 좋은 협상결과를 만들어내는 길이다. 예를 들어 장기적 성장을 추구하는 기업의 구성원들은 협상을 할 때 무엇을 주고 무엇을 받아야 할지 알고 있다. 또한 그렇게 했을 때 회사가 자신을 지지할 것임을 알기에 자신에게 돌아올 결과에 대해서도 자신감을 갖게 된다. 따라서 회사를 위한 협상에 소신 있게 임하고 의도한 결과를 이끌어낼 수 있다.

이상의 5가지 메시지를 축약하면 결국 협상은 '인간관계와 신뢰' 그리고 '상생의 구조'라는 두 개의 축으로 이루어짐을 알 수 있다. 두 개의 축이 서로 보완적으로 작용할 때 효과적인 협상이 가능하다. 아무리 좋은 인간관계를 유지한다 해도 순수하게 개인 대 개인의 협상이 아닌 한 원원의 구조 없이는 바람직한 협상결과를 얻어낼 수 없다.

기업과 기업, 조직과 조직 간의 협상은 다층적인 위계 또는 대리인 구조로 되어 있다. 예컨대 인수합병 협상은 주주의 위임을 받은 최고경영진, 임원, 실무팀으로 구성되며 회계법인, 투자은행 등의 전문가, 법무법인 등의 대리인이 협상단계별로 참여한다. 회계법인은 장부에 나타난 회사의 자산과 가치가 실제와 같은지, 숨겨진 부채는 없는지, 부실채권은 없는지 등을 확인하고 이를 보고해서 가격 등을 조정할 때 반영하도록 한다. 투자은행 전문가는 인수자, 투자자, 금융기관 간의 투자 및 융자를 이끌어 자금을 조달하고 계약구조를 만들어 인수합병이 성사될 수 있도록 한다. 법무법인의 변호사 역시 상대방이 문제를 일으킬 경우 책임소재를 분명히 하기 위한 협상절차를 밟는다. 이처럼 협상에 참여한 이들이 윈윈할 수 있는 구조를 만들고 각자의 역할과 책임소재를 분명히 밝혀두어야 만족할 만한 결과를 이끌어낼 수 있다.

여기에 빠져서는 안 되는 것이 서로에 대한 신뢰다. 시스템이 아무리 그럴듯해도 당사자 간에 신뢰가 없으면 의심하고 남 탓만 하다가 협상이 끝나버린다. 아무리 회계사가 열심히 실사를 하고, 전문가가 계약구조를 만들어내고 변호사가 꼼꼼히 점검해도 모든 잠재적 문제를 완벽하게 찾아내고 대비할 수는 없다. 결국 최종 판단은 경영자가 해야 하는데, 여기에는 상대방을 신뢰하는가가 좌우한다. 극단적으로 말하면 전문가를 통한 점검은 경영자의 직관을 뒷받침하기 위한 장치라고도 할 수 있다. 말콤 글래드웰Malcolm Gladwell 94]은 경영자는 직관으로 순식간에 상대방에 대한 신뢰 여부를 판단하며, 이후의 모든 활동은 이를 확인하기 위한 과정이라고까지 말하지 않던가. 다만 신뢰는 그 자체로 협상의 범위를 넘어서는 큰 주제이므로 이 책에서는 신뢰의 중요성을 강조하고 협상에서 신뢰를 구축하는 데 필요한 기본적인 요소만 다루었다.

이 책은 비즈니스 협상을 중심으로 하고 있지만 한편으로 우리 사회 곳곳에서 벌어지고 있는 개인 간, 집단 간 갈등에 관해서도 언급했다. 우리 사회의 많은 갈등은 상대방을 이기고 자신의 이익만을 극대화하겠다는 분배적 사고가 구성원들 사이에 팽배해 있는 것으로부터 출발한다(1장). 사회 전반적인 신뢰 수준이 충분히 높지 않은 탓에 자칫 상대방이 우리의 선의를 오해하거나 악용할지 모른다는 강박관념이 작용하며(2장), 서로 자신들의 입장만을 고수하고 상대방의 진정한 목적을 이해하지 않으려 하고(4장), 나아가 서로 원하는 바에 관해 소통하지 않고(5장), 일단 제시한 조건은 결코 양보하지 않는 데에서(7장) 갈등이 심화되고 있음을 지적했다. 대기업과 중소기업 간의 소위 '갑을관계'도 자기중심적인 사고와 자신과 상대방의 협상력에 대한 잘못된 판단에 상당 부분 기인하고 있음을 언급했다(3장).

사회적 갈등은 매우 복잡한 현상이어서 해법을 모색하는 데에는 다각적인 접근이 필요하겠지만, 협상의 시각에서 보면 먼저 구성원들이 사회현상을 바라볼 때 대립적, 분배적 틀을 벗어나 통합적 시각을 가져야 한다. 이를 위해서는 사회 각 분야 리더들의 역할이 무엇보다 중요하다. 사회 구성원의 시민의식이 쌓이도록 서로 노력하는 것 외에는 빠른 길이 없을 것이다. 사회적 신뢰 수준이 높아지기 위해서는 상당한 시간이 필요할 것이다. 그러나 통합적 협상법을 훈련한다면 그 시간이 조금은 줄어들 수 있지 않을까. 갈등상황에서 상대방의 입장과 진정한 목적을 이해하고, 서로 원하는 바를 의사소통하고, 합리적으로 양보를 주고받으며, 인식의 오류를 줄일 수 있을 테니 말이다.

이 책에서 추구하는 협상은 철저히 통합적 협상이다. 그래서 일반적인 협상지침서에서 다루는 분배적 협상에 관한 책략은 다루지 않았다. 이를테면 마지막까지 버텨서 상대방의 양보를 얻어내기, 이른바 '좋은 경찰, 나쁜 경찰' 기법으로 상대방을 교란하기, 양보를 받아놓고 또 요구하기, 권한이 없음을 이유로 발뺌하기, 시한을 정해놓고 상대방을 압박하기, 파격적인 양보로 상대방의 수용을 유도하기 등 분배적 협상을 위한 다양한 책략들이 있다. 상대방이 이런 전략을 사용하는지 파악하기 위해서라도 알고 있으면 도움이 될 것이다. 그러나 통합적 협상을 추구하면서 이런 책략을 사용해 신뢰를 해친다면 오히려 부정적인 결과를 초래할 수 있다.

아울러 제삼자가 개입해 3자 구도를 이루는 조정, 중재 등에 대해서도 다루지 않았다. 당사자들끼리 협상하거나 합의하기 어려운 분쟁상황을 해결하는 방법도 협상의 주제 중 하나다. 제삼자가 개입해 협상과정을 촉진시키거나, 양측에 조언을 하거나, 바람직한 합의안을 제시하거나, 권한을 가지고 합의안을 결정하는 경우 등이다. 부서원들끼리 갈등이 일어나 해결되지 않을 경우 부서장이 조정자나 중재자 역할을 한다. 부서 간에 이견이 좁혀지지 않으면 최고경영층이 중간역할을 할 수 있다. 노사 갈등이 일어나면 노동위원회가 개입하고, 기업 간 거래에서 문제가 발생하면 상사중재원을 통해 분쟁을 해결하기도 한다. 다른 방법으로는 해결되지 않으면 최후의 수단으로 소송을 통해 법정에서 문제를 해결한다. 제삼자는 전문지식, 조직에서의 위치, 법적 정당성 등을 토대로 해당 당사자의 인정 하에 합의를 이끌어내거나 결정해주는 역할을 한다. 이들은 중립적인 역할을 한다는 점에서 어느 한쪽을 대신해 협상에 임하는 대리인과 구분된다. 이 주제는 협상에서 중요하게 다루어지고 있으며 특히 법학 분야에서 활발한 연구가 이루어지고 있다.

다자간 협상 역시 중요한 주제이지만 통합적 협상에 집중하기 위해 부득이하게 다루지 않았다. 국제적으로는 북핵문제를 둘러싼 6자회담, 기업에서는 여러 부서가 참여하는 TFT^{Task-Force} Team 회의 역시 다자간 협상의 성격을 띤다. 이 경우 회의 진행을 누가 어떻게 할지, 최종 의사결정을 다수결로 할지 전원합의로 할지, 투표로 할지 거수로 할지 등에 따라 결과가 전혀 달라진다. 이때는 사전 물밑작업을 통해 필요한 숫자만큼 자신의 편을 만들어서 최종 의사결정을 지배하는 전략이 효과적인 방법으로 제시된다.

국제 이문화 협상은 별도의 책이 필요할 만큼 매우 방대한 분야이지만, 이 책에서는 6장에서 간략히 다루는 데 그쳤다. 물론 국제 이문화 협상에서도 이 책에서 다룬 기본적인 통합적 협상의 원리는 적용된다. 상대방에 대한 이해가 출발이며, 서로의 차이를 인정하고 존중하며 신뢰를 구축해야 한다. 결국 이 차이로부터 상대방이 중요시하는 것을 주고 우리가 중요시하는 것을 받음으로써 윈윈 협상을 이루어낼 수 있다.

협상역량negotiation competency은 개인과 기업의 중요한 역량 중 하나이며, 전체 성과에 큰 영향을 미친다. 물론 협상역량만으로 훌륭한 성과를 기대하는 것은 무리다. 다른 역량들이 부족하여 자신이 확보할 수 있는 대안이 미흡하다면 아무리 협상역량이 출중해도 모든 문제를 해결할 수 없다. 자신의 품질, 원가, 기술, 브랜드 가치, 인재, 유통망, 확고한 거래선 등 핵심역량을 갖추는 것은 훌륭한 협상대안BATNA을 확보할 가능성을 높여주므로, 그 자체가 협상력bargaining power의 원천이 된다. 다른 핵심역량이 비슷하여 대안의 수준도 비슷하고 따라서 협상력도 비슷하다면 우수한 협상역량을 가진 쪽이 우수한 협상결과를 도출할 것이다. 기업에서 협상역량을 다른 핵심역량과 마찬가지로 중요하게 다루어야 할 이유가 여기에 있다.

지금까지 다룬 내용을 바탕으로 미리 학습하고, 철저히 준비하고, 진지한 자세로 창의적인 협상안을 마련해 협상에 임하자. 단, 지나친 몰입은 자칫 협상을 그르칠 수 있다. 오랫동안 준비한 협상이므로 반드시 합의를 이루어야 한다는 생각이 강박관

넘이 되면 상대방에게 끌려 다니다 무리한 결과를 낳을 수 있다. 목표를 반드시 달성해야 한다는 집착이 생기면 자칫 분배적 협상으로 치닫거나 협상을 결렬시킬 수 있다. 피땀으로 일군 회사를 매각하려 할 때 감정이 개입돼 협상을 그르치는 경우도 적지 않다. 그러므로 항상 유연한 자세를 유지하고, 협상이 결렬되더라도 다른 대안이 있음을 염두에 두고 지속적으로 대안을 개선해가자. 확보해둔 대안보다 못한 협상안이라면 미련 없이 협상장을 떠날 수 있다는 마음의 여유를 가진다면 더 좋은 협상결과를 기대할 수 있을 것이다.

1) Salacuse, J.W. 2006. Real leaders negotiate, *Negotiation*, 9:3-5.

2) 조남신 2009. 협상교육, 무엇을 어떻게 가르칠 것인가: 미국 경영대학원의 협 상교육 내용과 방법 분석을 통한 제언. *경영교육연구*, 12: 1-35.

3) Subramanian, G. 2009. Negotiation? Auction? A dealmaker's guide. *Harvard Business Review*, 87, 12: 101-107.

4) 2015년 9월부터 2016년 2월까지 한국의 경영자 100인에게 설문조사를 했다. 이들 중 19명은 미국에서 활동하고 있다. 인적사항에 대한 무응답자를 제외 하고 소유경영자-창업자 35명, 소유경영자-기업승계 5명, 전문경영자-CEO 9명, 전문경영자-임원 22명, 기타 27명으로 구성돼 있다. 이들의 평균 경력은 19.6년이며 남자가 83명 여자가 16명이다. 응답자가 속한 주력업종은 제조업 28, 건설업 13, 유통업 11, 금융업 5, 이외의 서비스업 36, 기타 5이다.

5) 월튼(Richard Walton)과 맥커시(Robert McKersie)는 Walton, R. E., & McKersie, R. B. 1965. *A Behavioral Theory of Labor Negotiation*, New York: McGraw-Hill. 에서 분배적 협상과 통합적 협상을 정의하고 모든 협상 이 궁극적으로 추구하는 바가 통합적 협상임을 설파했다.

6) 박지혜·권성우 2014. 한솔제지: PAPCO 설립 및 매각 협상 성공 사례. *협상연 구*, 17,1: 1-20. 저자의 허락 하에 요약 인용했다.

7) Tversky, A., & Kahneman, D. 1981. The framing of decisions and the psychology of choice. *Science*, 211 (4481): 453-458.

8) 장광순 2015. 프레이밍 효과(Framing Effects)가 협상성과에 미치는 영향 - 갈등관리성향의 조절효과. *협상연구*, 18: 31-75.

9) Seligman, M. 2002. *Authentic Happiness: Using the New Positive Spychology to Realize Your Potential for Lasting Fulfillment*, Mulrure

Publishing Co. 마틴 셀리그만 (김인자, 우문식 역) 2011. *마틴 셀리그만의 긍정심리학*, 도서출판 물푸레.

안세영 2013. 글로벌 협상전략. 박영사.

10) Seligman, M. 2002. *Authentic Happiness: Using the New Positive Spychology to Realize Your Potential for Lasting Fulfillment*, Mulrure Publishing Co. 마틴 셀리그만 (김인자, 우문식 역) 2011. *마틴 셀리그만의 긍정심리학*, 도서출판 물푸레.

11) 권성우·김승철·김홍국·정용준·박지혜 2015. 창조적 갈등해결을 위한 협상 우수사례 연구. 한국협상학회-국토교통부. 저자의 허락 하에 요약 인용했다.

염우 2004. 현장통신-1. 상생의 실험대, 원홍이 두꺼비 마을. *환경과 생명*, 41: 169-184.

12) 플러드(Merrill Flood)와 드레셔(Melvin Dresher)는 1950년대 초반 RAND연 구소에서 일련의 실험을 통해 두 명의 의사결정자들이 상대방을 서로 신뢰 하지 못하기 때문에 서로 협조하지 못하고 최선의 결과를 이끌어내지 못함 을 보여주었고, 터커(Albert Tucker)가 이를 '죄수의 딜레마'라 명명했다.

13) Urlacher, B. R. 2014. Groups, decision rules, and negotiation outcomes: Simulating the negotiator's dilemma. *Negotiation Journal*, 30, 1: 5-22.

Kaufmann, P. K. 1987. Commercial exchange relationships and the "negotiator's dilemma." *Negotiation Journal*, 3: 73-80.

14) Bazerman, M., & Neal, M. A. 1992. The mythical fixed-pie. in Bazerman, M, & Neal, M. A. *Negotiating Rationally*. New York, NY : Free Press, 16-22.

Bazerman, M. H., & Moore, D. A. 1999. The human mind as a barrier to wiser environmental agreements. *American Behavioral Scientist*, 42, 8: 1277-1300.

15) Shay, S., Tzafrir, S. S., Sanchez, R. J., & Tirosh-Unger, K. 2012. Social motives and trust: Implications for joint gains in negotiations. *Group Decision & Negotiation*, 21: 839-862.

16) Milgrom, P.,& Roberts, J. 1992. *Economics, Organizations and Management*. Englewood Cliffs: Prentice-Hall.

이상민 2003. 호울드-업 문제 극복을 위한 효율적 협약체결: 한국과 독일 비교. 협상연구, 9: 177-193.

17) 김승철·조남신 2005. 비즈니스 협상에 있어 협상사전 단계의 특성변수가 협상성과에 미치는 요인에 관한 탐색적 연구. 협상연구, 11: 57-92.

18) Kong, D. T., Dirks, K. T., & Ferrin, D. L. 2012. Interpersonal trust within negotiations: Meta-analytic evidence, critical contingencies, and directions for future research. Academy of Management Journal, 57:1235-1255.

19) 박명현 2006. 청계천 복원사업에서 서울시와 상인 간 협상의 성공요인 고찰. 협상연구, 12: 3-50. 의 내용을 요약 발췌했다.

20) 박명현 2006. 청계천 복원사업에서 서울시와 상인 간 협상의 성공요인 고찰. 협상연구, 12: 3-50. 은 다음과 같이 13가지 성공요인을 제시하고 있다.
1.여론의 절대적 지지, 2.청계천 복원사업의 필요성 등 홍보 강화, 3.청계천 복원사업 추진을 위해 삼각체제 구성(주도 거버넌스 구성으로 시민단체 참여), 4.청계천 상권에 대한 정밀조사, 5.협상창구 단일화, 6.단단한 조직 내부 결속력, 7.상시 의사소통 채널 가동, 8.정보 공유, 9.마감시한, 10.상인대책 시행, 11.상호신뢰 형성, 12.이명박 시장의 리더십, 13.대승적 차원에서 이루어진 상인들의 희생.

21) Wikipedia, The Giving Pledge.

22) 권성우·김승철·김홍국·정용준·박지혜 2015. 창조적 갈등해결을 위한 협상 우수사례 연구. 한국협상학회-국토교통부. 저자의 허락 하에 요약 인용했다.

23) Kim, P. H., & Fragale, A. R. 2005. Choosing the path to bargaining power: An empirical comparison of BATNAs and contributions in negotiation. Journal of Applied Psychology, 373-381.

24) 곽노성·권호근 2001. M&A 협상의 협상결과 결정요인들. 협상연구, 7: 131-154.

25) 안세영 2003. 대우자동차 매각협상에 관한 연구 - GM의 협상전략을 중심으로. 협상연구, 9: 193-215.

26) 한국일보 2002. 5. 9. 주25) 안세영 (2003)

27) Wikipedia, Bill Gates.

28) 내일신문. 핵심 인재가 회사 경쟁력. 2015. 10. 21.

29) Saorín-Iborra, M. C., Redondo-Cano, A., & Revuelto-Taboada, L. 2013. How BATNAs perception impacts JVs negotiations. *Management Decision*, 51, 2: 419-433.

30) Simon, H. A. 1957. *Models of Man*. New York: Wiley.

31) 결과에 대한 불확실성에 대해서는 Bazerman, M., Curhan, J. R., Moore, D. A., & Valley, K. L. 2000. Negotiation. *Annual Review of Psychology*, 51:279-314. 참조.
서로의 대안에 대한 오해에 관해서는 Kramer, R. M., Newton, E., & Pommerenke, P. L. 1993. Self-enhancement biases and negotiator judgment: Effects of self-esteem and mood. *Organizational Behavior and Human Decision Process*, 56: 110-133. 참조.
상대방의 의도에 대한 오해에 관해서는 Thompson, L., & Hastie, R. 1990. Social perception in negotiation. *Organizational Behavior and Human Decision Process*, 47: 98-123. 참조.
서로의 양보나 의견에 대한 해석의 불일치에 대해서는 Curhan, J. R., Neale, M. A., & Ross, L. 1999. Dynamic valuation: Preference change in the context of active face-to-face negotiations. Paper presented at the annual meeting of the Academy of Management, Chicago, IL. 과 Babcock, L., & Lowenstein, G. 1997. Explaining bargaining impasse: The role of self-serving biases. *The Journal of Economic Perspectives*, 1: 109-126. 참조.

32) Kramer, R. M., Newton, E., & Pommerenke, P. L. 1993. Self-enhancement biases and negotiator judgment: Effects of self-esteem and mood. *Organizational Behavior and Human Decision Process*, 56: 110-133.

33) Crocker, J. 1982. Biased questions in judgment of covariation studies. *Personality and Social Psychology Bulletin*, 8: 214-220.
Kramer, R. M. 1994. The sinister attribution error: Paranoid cognition and collective distrust in organizations. *Motivation and Emotion*, 18: 199-230.
Morris, M. W., Sim, D. L. H., & Girotto, V. 1998. Distinguishing sources of cooperation in the one-round prisoner's dilemma: Evidence for

cooperative decisions based on the illusion of control. *Journal of Experimental Social Psychology*, 34: 494-512.

34) 김홍국 2011. 남북정상회담과 대북 협상전략: 협상학적 관점. 협상연구, 15: 9-42.

김도태 2005. 6자회담을 통해 본 북한의 협상태도 변화와 한반도 평화전망. 협상연구, 11: 23-45.

35) Pinkley, R. L. 1997. Only the phantom knows: Impact of certain, conditional, unspecified, and zero alternatives to settlement in dyadic negotiations, *Academy of Management Proceedings*, 82-84.

36) 장철균 2004. *서희의 외교담판: 고구려 영토수복 어떻게 가능했나*. 현음사.

김기홍 2004. *서희, 협상을 말하다*. 새로운제안.

고전연구실 2001. *신편 고려사 8: 열전 1*. 신서원.

하혜수 2005. 우리나라 역사인물의 협상전략에 대한 비교연구: 을지문덕과 서희장군을 중심으로. 협상연구, 11: 3-27.

37) Wikipedia, Six-Day War, Camp David Accords, Egypt-Israel Peace Treaty 의 내용 취합.

38) Fisher, R., & Ury, W. 1981. *Getting to Yes: Negotiating Agreement Without Giving In*. Penguin Books.

39) 조선일보. Interview in Depth, 두산인프라코어 박용만 부회장. 2007. 11. 24.

40) 권성우·김승철·김홍국·정용준·박지혜 2015. 창조적 갈등해결을 위한 협상 우수사례 연구. 한국협상학회-국토교통부.

41) Walton, R. E., & Mckersie, R. B. 1965. *A Behavioral Theory of Labor Relations*. New York: McGraw-Hill.

Pruitt, D. G. 1981. *Negotiation Behavior*. NY: Academic Press.

조남신·정용준 2003. 정보공유 촉진요인이 협상성과에 미치는 영향- 시뮬레이션 기법의 적용. 협상연구, 9: 3-48.

42) Daniels, V. 1967. Communication, incentive, and structural variables in interpersonal exchange and negotiation. *Journal of Experimental Social Psychology*, 3, 1; 47-74.

Thompson, L., & Hastie, R. 1990. Social perception in negotiation.

Organizational Behavior and Human Decision Processes, 47, 1:98-123.

Pruitt, D. G., & Lewis, S. A. 1975. Development of integrative solutions in bilateral negotiation. *Journal of Personality and Social Psychology*, 31, 4:621-633.

43) 민귀식 2009. 중국 외교협상에서 전통문화요인의 영향력 탐색. 중소연구, 33: 61-91.

44) Siegel, S., & Fouraker, L. E. 1960. *Bargaining and Group Decision Making: Experiments in Bilateral Monopoly.* New York: McGraw-Hill.

45) 권성우·김승철·김홍국·정용준·박지혜 2015. 창조적 갈등해결을 위한 협상 우수사례 연구. 한국협상학회-국토교통부.

46) Ball, S. 1999. Pareto optimality in negotiation: A classroom exercise for achieving active learning, *Journal of Education for Business*, 74, 6: 341-346.

47) Wikipedia, HMS Sussex. 영국 정부와 오디세이 사의 계약에 따라 인양작업을 개시하려 할 때, 그 지역을 관할하는 스페인 정부의 문제제기와 금지조치로 인양은 불발로 그쳤다.

Andalucia.com, HMS Sussex.

Bluebird Marine Systems Limited Website, HMS Sussex 1694 - Treasure Ship.

48) Andrew Ross Sorkin, NYT, October 17, 2002.

49) Wikipedia, Signaling.

50) Adair, W. L., & Brett, J. M. 2005. The negotiation dance: Time, culture, and behavioral sequences in negotiation. *Organization Science*, 16, 1: 33-51.

51) Hall, E. T. 1976. *Beyond Culture.* New York: Anchor Books.

52) Schein, E. 1983. *Orgnizational Leadership and Culture.* Wiley.

53) Brett, J. 2014. *Negotiating Globally: How to Negotiate Deals, Resolve Disputes, and Make Decisions Across Cultural Boundaries.* Jossey-Bass Business & Management.

54) Hofstede, G. 1984. *Culture's Consequences: International Differences in*

Work-Related Values (2nd ed.). Beverly Hills CA: SAGE Publications.
https://geert-hofstede.com/south-korea.html

55) 김창도·박헌준·맹시안 2004. 고대 중국협상가들의 협상전략에 관한 역사적
   연구. 협상연구, 10: 121-134.

56) 송종환 2000. 중국의 협상 행태에 관한 연구: 서방권과의 비교 관점에서. 중
   소연구, 135-179.

57) 지용희 2015. 경제전쟁시대 이순신을 만나다. 디자인하우스.
   방성석 2014. 위기의 시대, 이순신이 답하다. 중앙북스.
   이순신역사연구회 2005. 이순신과 임진왜란. 비봉출판사.
   위키백과, 진린.

58) 김창도·박헌준·맹시안 2004. 고대 중국협상가들의 협상전략에 관한 역사적
   연구. 협상연구, 10: 121-134.
   송종환 2000. 중국의 협상행태에 관한 연구: 서방권과의 비교 관점에서. 중소
   연구, 135-179.

59) 박종선 2006. 중국진출 한국기업의 성공사례와 경쟁력 향상 방안. 한국국제
   경영관리학회 추계국제학술대회 발표논문, 261-276.

60) 장흥훈 2002. 중국의 상거래문화와 협상전략에 관한 연구. 문화산업연구, 2:
   173-188.
   김원배·김경배 2005. 중국인의 상관습과 협상행위에 관한 연구. 무역구제와
   한국무역, 춘계공동 학술대회 발표논문, 266-279.

61) 김남국·정재엽·김동재 2007. 두산인프라코어의 중국진출 성공사례. 전략경
   영연구, 10: 23-39.

62) 매일경제. LG전자, 한국IBM 컴퓨터사업 합작. 1996. 10. 12.

63) Pruitt, D. G. 1981. Negotiation Behavior. New York: Academic Press.
   Kwon, S., & Weingart, L. R. 2004. Unilateral concessions from the other
   party: Concession behavior, attributions, and negotiation judgments.
   Journal of Applied Psychology, 89, 2: 263-278.

64) 저자가 기획조정처장 자격으로 직접 참여한 협상이다.
   조남신 2007. 왜 협상이 결렬되는가 : 행태적 의사결정관점 및 이해관계자 파
   워 관점에서 본 사례연구. 인사조직연구, 15: 45-87.

65) 조정곤 2013. 글로벌 협상론. 박영사.

66) Buelens, M., & Van Poucke, D. 2004. Determinants of a negotiator's initial opening offer. *Journal of Business and Psychology*, 19, 1: 23-35.

67) Tversky A., & Kahneman, D. 1976. Judgment under uncertainty: Heuristics and biases, *Science*, 185: 1124-1131.

Galinsky, A. D., & Mussweiler, T. 2001. First offers as anchors: The role of perspective-taking and negotiator focus. *Journal of Personality and Social Psychology*, 81, 4: 657–669.

Van Poucke, D., & Buelens, M. 2002. Predicting the outcome of a two-party price negotiation: Contribution of reservation price, aspiration price and opening offer. *Journal of Economic Psychology*, 23, 1: 67–76.

68) 10년간의 시뮬레이션 결과 중 상당수가 유실되었고 자료가 남아 있는 93개 결과 중 5건이 결렬되었고 88건은 합의가 이루어졌다.

69) 조남신·김승철·정용준 2004. 한국기업의 국제거래 협상에 관한 질적 연구: 이문화간 협상사례의 문화기술지적 접근. 협상연구, 10: 3-35.

70) Jensen, L. 1988. *Bargaining for Security: The Postwar Disarmament Negotiations, Columbus*, SC: University of South Carolina Press.

71) Johnson, N. A., & Cooper, R. B. 2009. Power and concession in computer-mediated negotiations: An examination of first offers. *MIS Quarterly*, 33,1: 147-170.

Kwon, S., & Weingart, L. R. 2004. Unilateral concessions from the other party: Concession behavior, attributions, and negotiation judgments. *Journal of Applied Psychology*, 89, 2: 263-278.

Nastase, V. 2006. Concession curve analysis for inspire negotiations. *Group Decision & Negotiation*, 15: 185-193.

72) 권상집 2014. 넥슨과 CJ넷마블의 서든어택 협상에 관한 탐색적 사례연구: 결렬 및 타결요인 분석과 정책적 함의. 협상연구, 17, 2: 95-110.

73) Kopelman, S., Rosette, A. S., & Thompson, L. 2005. The three faces of Eve: Strategic displays of positive, negative, and neutral emotions in negotiations. *Organizational Behavior and Human Decision Processes*,

99: 81-101. 주71) 권상집(2014)에서 재인용.

74) 김창도·박헌준·맹시안 2004. 고대 중국협상가들의 협상전략에 관한 역사적 연구. 협상연구, 10: 121-134. 춘추시대에 여러 제후들이 모여서 최고의 제후인 패주를 뽑는 미병맹회(弭兵盟會)에서 오나라 왕 부차가 월나라를 크게 이기고 월나라 왕의 평화요구를 받아들인 데서 유래했다.

75) 심준섭 2013. 수원기지 비상활주로 이전과정에 대한 협상론적 분석. 협상연구, 16: 101-120. 의 내용을 요약 정리했다.

76) Ball, S. 1999. Pareto optimality in negotiation: A classroom exercise for achieving active learning. *Journal of Education for Business*, 74, 6: 341-346.
Stomper, R. 2015. The role of negotiations in achieving Pareto optimality in multi-dimensional cooperation games: Implications for the ethical conduct of business. *Erasmus Journal for Philosophy & Economics*, 8, 1: 127-130.

77) Raiffa, H. 1985. Post-settlement settlements. *Negotiation Journal*, 1: 9-12.
Bazerman, M. H., Lee, E. R., & Yakura, E. 1987. Post-settlement settlements in two-party negotiations. *Negotiation Journal*, 3:283-292.
Uncover hidden value with a post-settlement settlement.2009. *Negotiation*, 12:3
Ehtamo, H., & Hamalainen, R. P. 2001. Interactive multiple-criteria methods for reaching Pareto optimal agreements in negotiations. *Group Decision & Negotiation*, 10:475-491.

78) Hill, C. W. 2000. *Global Business*, Irwin McGraw-Hill. 안세영 2013. 글로벌 협상전략, 박영사. 에서 재인용.
박규대 1989. 다국적기업 미 GM과 대우자동차. 월간 말, 69-75.

79) 위키백과, 한국GM, 대우자동차는 1998년 외환위기 이후 2000년 11월 최종 부도처리되었고, 2001년에 과거 사업파트너인 GM에 매각되었다. 분리인수된 승용차 부문은 2002년 '지엠대우오토엔테크놀로지'로 출범해 2011년 3월 '한국GM'으로 사명을 바꾸었다.

80) Wikipedia, Logrolling, 미국 개척시대의 모험가이자 하원의원이었던 데이비

크로켓(Davy Crockett)에 의해 1835년에 처음 사용되었다.

81) Buchanan, J. M., & Tullock, G. 1962. *The Calculus of Consent: Logical Foundations of Constitutional Democracy*. Ann Arbor, Michigan: University of Michigan Press.

Irwin, D., & Kroszner, R. 1996. Log-rolling and economic interests in the passage of the Smoot-Hawley Tariff. *Carnegie-Rochester Conference Series on Public Policy*. 45: 173-200.

Holcombe, R. 2006. *Public Sector Economics: The Role of Government in the American Economy*. New Jersey: Prentice Hall.

82) Buchanan, J. M., & Tullock, G. 1962. *The Calculus of Consent: Logical Foundations of Constitutional Democracy*. Ann Arbor, Michigan: University of Michigan Press.

83) Curhan, J. R., Neale, M. A., & Ross, L. 1999. Dynamic valuation: Preference change in the context of active face-to-face negotiations. Paper presented at the annual meeting of the Academy of Management, Chicago, IL.

84) Medvec, V. H., & Galinsky, A. D. 2005. Putting more on the table: How making multiple offers can increase the final value of the deal. *Negotiation*, 8: 3-5.

85) www.fta.go.kr

안세영 2013. 글로벌 협상전략. 박영사.

백종섭 2015. 갈등관리와 협상전략. 창민사.

86) Medvec, V. H., & Galinsky, A. D. 2005. Putting more on the table: How making multiple offers can increase the final value of the deal. *Negotiation*, 8: 3-5.

87) Medvec, V. H., & Galinsky, A. D. 2009. Find out what they value by making multiple equivalent simultaneous offers. *Negotiation*, 12, 9: 7-7.

88) 박헌준·이제구 2003. 한국경영자의 윤리적/비윤리적 협상전략에 대한 탐구. 협상연구, 9: 135-154.

89) Fama, E. F., & Jensen, M. C. 1983. Separation of ownership and control.

Journal of Law and Economics, 26: 301–325.

90) 곽노성·권호근 2001. M&A 협상의 협상결과 결정요인들. 협상연구, 7: 131–154.

91) 함영주 2015. 대리인 비용과 변호사 직역에 대한 신뢰 – 정보의 비대칭성과 전관예우에 대한 논의를 포함하여. 협상연구, 18: 7–29.

92) 노스웨스턴 대학 분쟁해결연구소의 불라드하우스(Bullard House) 협상사례를 요약한 것이다.

93) 10년 동안 많은 모의실험을 했으나 상당수 자료가 유실되고 43개만 남아 있다.

94) Galdwell, M. 2005. *Blink*. Back Bay Books.